壮大な銀河系の物語
STAR WARS™

1977年に1作目（エピソード4）が公開されて以来、今なお世界中のファンから熱い支持を集めている「スター・ウォーズ」。ここでは、その軌跡を公開年順にまとめた（文中の公開年は、オリジナル公開年を表す）。

旧三部作

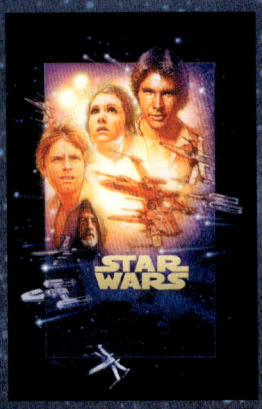

エピソード4 新たなる希望

1977年公開、ジョージ・ルーカス監督。低予算ながらも熱狂的に支持され、以後の映画史を変えるほどの大ヒット作となった。

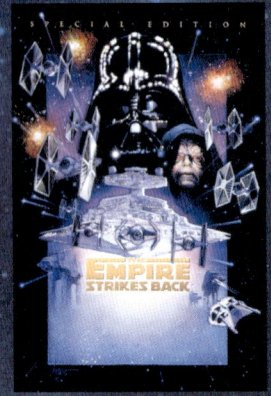

エピソード5 帝国の逆襲

1980年公開、アーヴィン・カーシュナー監督。エピソード4の世界的大ヒットを受けて作られたシリーズ2作目。

エピソード6 ジェダイの帰還

1983年公開、リチャード・マーカンド監督。公開後、ルーカスが後続作品の製作凍結を宣言し、全世界のファンが悲嘆に暮れた。

新三部作

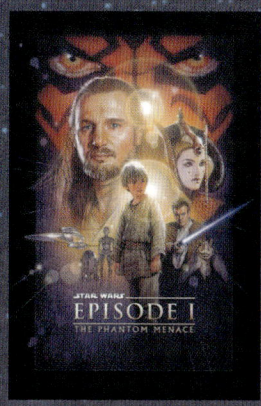

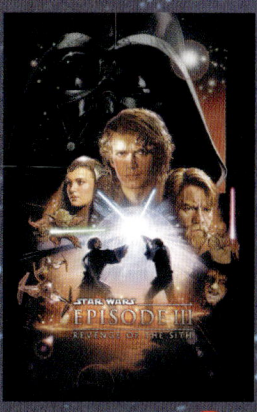

エピソード3
シスの復讐

2005年公開、ジョージ・ルーカス監督。新三部作の完結作で、エピソード4につながる重要な物語となっている。

エピソード1
ファントム・メナス

1999年公開、ジョージ・ルーカス監督。CG技術の進歩を受け、ルーカスが製作を決意。16年ぶりの新作にファンが沸き立った。

エピソード2
クローンの攻撃

2002年公開、ジョージ・ルーカス監督。シリーズ初の全編デジタル撮影を敢行。アナキンとパドメの禁断の愛が描かれる。

本書で扱う作品

スター・ウォーズ
フォースの覚醒

2015年公開、J.J.エイブラムス監督。『エピソード6／ジェダイの帰還』から約30年後の世界を描いた作品。

Contents

壮大な銀河系の物語
スター・ウォーズ ……… 2

『スター・ウォーズ／フォースの覚醒』
キャラクター ……… 8

スター・ウォーズ銀河史 ……… 24

この本でスター・ウォーズをもっと楽しもう！
本書の使い方 ……… 26

この本における表記 ……… 28

『スター･ウォーズ／フォースの覚醒』 ……… 29

プロローグ ……… 30
- Scene 1　秘密のデータ ……… 32
- Scene 2　ダークサイドの力 ……… 36
- Scene 3　レイとBB-8の出会い ……… 41
- Scene 4　ドロイドを奪え ……… 45
- Scene 5　ファースト・オーダーからの脱出① ……… 48
- Scene 6　ファースト・オーダーからの脱出② ……… 53

Scene 7	ジャクーに戻れ ……… 57
[PHOTO]	砂漠をさまようフィン ……… 61
Scene 8	ハックスとカイロ・レンの対立 ……… 63
Scene 9	フィン、レイと出会う ……… 67
Scene 10	ジャクーからの脱出① ……… 72
Scene 11	ジャクーからの脱出② ……… 76
Scene 12	レジスタンスの基地の場所 ……… 80
Scene 13	英雄ハン・ソロ ……… 85
Scene 14	ハンを追うギャングたち ……… 89
[PHOTO]	船内を駆け巡る恐怖！……… 94
Scene 15	ファルコンを飛ばせ ……… 96
Scene 16	最高指導者からの指令 ……… 100
Scene 17	ルークが消えた理由 ……… 104
[PHOTO]	それぞれの思惑 ……… 109
Scene 18	マズ・カナタのもとへ ……… 110
[PHOTO]	フィンの正体 ……… 116
[PHOTO]	レイが見た幻影 ……… 117

Scene 19	ライトセーバーの導き ……… 118

[PHOTO] 完成した超兵器 ……… 124

Scene 20	カイロ・レンとの対面 ……… 125
Scene 21	ハンとレイアの再会 ……… 129
Scene 22	生きていた相棒 ……… 132
Scene 23	レイアに助けを求めて ……… 136
Scene 24	息子への思い ……… 140
Scene 25	互いの頭の中 ……… 145
Scene 26	レジスタンスを壊滅せよ ……… 150
Scene 27	恐るべき新兵器 ……… 154
Scene 28	ハンとレイアの別れ ……… 159

[PHOTO] スターキラー基地に潜入 ……… 163

Scene 29	レイを助けに ……… 164
Scene 30	シールドを無効化せよ ……… 167

[PHOTO] 戦闘機部隊が突入 ……… 172

Scene 31	仲間との合流 ……… 173

[PHOTO] 地上からの援護 ……… 177

Scene 32	父と息子の対話 ……… 178
Scene 33	森の中の死闘 ……… 183
Scene 34	目標を集中攻撃！ ……… 186

[PHOTO] フォースの覚醒 ……… 190

| Scene 35 | ルークの居場所 ……… 192 |

[PHOTO] ルークのもとへ ……… 196

 コラム

レイアは将軍になる前は王女だった？ ……… 62
カイロ・レンの言うクローン軍とは？ ……… 62
語り継がれるハンの記録 ……… 95
ハンのミレニアム・ファルコンに対する愛着 ……… 95
小道具にもこだわりが！ ……… 108
カイロ・レンの生い立ちとは？ ……… 108
レイが幻影の中で聞いた声 ……… 122
マズ・カナタの酒場に流れる歌声の主は？ ……… 122
スカイウォーカーのライトセーバー ……… 123
カイロ・レンが心酔するダース・ベイダー ……… 144
スターキラー基地のモデルになったデス・スター ……… 158
C-3POとR2-D2の数奇な運命 ……… 158
歴代作品に対するオマージュ ……… 171
意外な出演者たち ……… 198
あの名前の由来とは？ ……… 198

スター・ウォーズ／フォースの覚醒　7

STAR WARS THE FORCE AWAKENS™
キャラクター

Rey
レイ

惑星ジャクーでスカベンジャー（廃品回収業者）をしながら、家族が戻ってくるのを待ち続けている。BB-8と出会って運命が大きく変わっていく。

Finn
フィン

ファースト・オーダーのストームトルーパーで、呼称番号はFN-2187。軍の残虐さを目の当たりにし、脱走してフィンと名乗るようになる。

BB-8
BB-8

レジスタンスのポー・ダメロンに仕えるアストロメク・ドロイド。球形のボディーを回転させながら移動する。

Chewbacca (Chewie)
チューバッカ（チューイ）

惑星キャッシーク出身のウーキー。ハンの長年の相棒で、愛称はチューイ。

Han Solo
ハン・ソロ

かつては反乱軍の将軍として帝国軍と戦ったが、現在は、密輸業に復帰している。

General Leia Organa
レイア・オーガナ将軍

ルークの双子の妹。ファースト・オーダーの台頭を危険視し、レジスタンスを組織した。

Poe Dameron
ポー・ダメロン

レジスタンスのエース・パイロット。レイアの信頼が厚く、ロー・サン・テッカに接触する任務を与えられた。

Luke Skywalker
ルーク・スカイウォーカー

最後のジェダイ。レイアたちに必要とされているが、現在は消息を絶っている。

R2-D2
R2-D2

ルークに仕えていたアストロメク・ドロイド。主人が姿を消した後は、活動を停止している。

C-3PO
C-3PO

レイアを補佐するプロトコル・ドロイド。銀河の各地に放たれているスパイ・ドロイドの情報をまとめる役目も果たしている。

Supreme Leader Snoke
最高指導者スノーク

ファースト・オーダーの最高指導者。フォースのダークサイドに精通しており、カイロ・レンを弟子にした。

General Hux
ハックス将軍

スターキラー基地の指揮官。冷酷で、自分の指揮能力に絶対的な自信を持つが、実戦経験はない。

Kylo Ren
カイロ・レン

ハンとレイアの息子で、本名はベン。レン騎士団に加わってからはカイロ・レンを名乗り、最高指導者スノークに仕える。

Captain Phasma
キャプテン・ファズマ

ストームトルーパーを束ねる女性士官。クローム処理された装甲服に身を包んでいる。

Colonel Datoo
ダトゥー大佐

スターキラー基地の第一砲撃管制室の責任者。惑星ホズニアン・プライムへの攻撃を監督した。

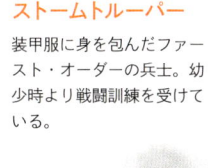

Stormtrooper
ストームトルーパー

装甲服に身を包んだファースト・オーダーの兵士。幼少時より戦闘訓練を受けている。

Flametrooper
フレームトルーパー

火炎放射器を装備し、建造物などに立てこもった敵の掃討を任務とするファースト・オーダーの兵士。

Darth Vader
ダース・ベイダー

かつてはジェダイだったシスの暗黒卿。ルークとレイアの父親であり、カイロ・レンにとっては祖父にあたる。本名は、アナキン・スカイウォーカー。

Snowtrooper
スノートルーパー

寒冷地での戦闘を想定した装備に身を包んだファースト・オーダーの兵士。

スター・ウォーズ／フォースの覚醒

Lor San Tekka
ロー・サン・テッカ

銀河の探索者。フォースの使い手ではないが、その力を身をもって体験したことがある。

Unkar Plutt
アンカー・プラット

ニーマ・アウトポストで、スカベンジャーたちから廃品の買い取りを行っている。クロルートという種族。

Constable Zuvio
ズヴィオ

ニーマ・アウトポストの民兵のリーダーで、仲間に同じキューゾという種族の2人の兵士がいる。

Sarco Plank
サルコ・プランク

スカベンジャーであり、賞金稼ぎであり、泥棒。胸のディスペンサーから栄養と水分を摂取する。

Teedo
ティードー

ニーマ・アウトポストの南西で活動する、は虫類のスカベンジャー。

Bobbajo
ボバージョ

ヌ＝コジアンという種族の男。さまざまな動物を入れたかごを背負い、市場で売っている。

Tasu Leech
タス・リーチ

カンジクラブの首領。ハンに金を貸している。

Razoo Qin-Fee
ラズー・クイン＝フィー

タス・リーチの補佐官。放火と技術のエキスパートでもある。

Bala-Tik
バラ＝ティク

グアヴィアン・デス・ギャングのリーダー。カンジクラブと共に、ハンに貸した金を回収しようとする。

Maz Kanata
マズ・カナタ

惑星タコダナにある古城で酒場を営む女海賊。フォースと強いつながりを持つ。

Bazine Netal
ベジーン・ネタル

マズ・カナタの城で、グラムガー（左）に寄り添っていた傭兵。

GA-97
GA-97

マズ・カナタの城にいた召使いドロイド。レジスタンスに仕えている。

Captain Ithano
キャプテン・イサノ

マズ・カナタの城にいた海賊の一人。さまざまな異名を持つ、アウター・リム（銀河の最遠部）で活動している。

Quiggold
クウィグゴールド

キャプテン・イサノが率いる海賊船の一等航海士。

Praster Ommlen
プラスター・オムレン

マズ・カナタの城にいた、オッテガンという種族の男。かつては犯罪者だったが、改心してアイソリアンという種族の宗教「聖なるラムルス」を信奉している。

Admiral Ackbar
アクバー提督

元反乱軍司令官。一線を退いていたが、レイア・オーガナ将軍の要請を受けてレジスタンスに参加した。

Admiral Statura
スタトゥラ提督

レジスタンスの提督で、惑星ガレル出身。レイア・オーガナ将軍の信頼が厚く、スターキラー基地の破壊計画を立案した。

Nien Nunb
ナイン・ナン

エンドアの戦いに参加したサラスタンという種族のパイロット。レジスタンスではXウイング・ファイターに搭乗している。

Snap Wexley
スナップ・ウェクスリー

レジスタンスのブルー中隊に所属するパイロット。惑星アキヴァ出身。

Jessika "Jess" Pava
ジェシカ "ジェス" パパ

レジスタンスのブルー中隊に所属するパイロット。コールサイン（通信用の名前）はブルー3。

Ello Asty
エロー・アスティ

レジスタンスのブルー中隊に所属するパイロットで、アベデンドという種族。

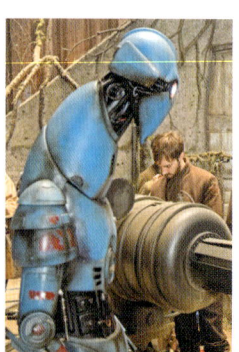

PZ-4CO
PZ-4CO

レジスタンスの基地で使用されているプロトコル・ドロイドで、PZ（ピージー）の愛称で呼ばれている。

Lanever Villecham
レインヴァー・ヴィルシャム

ミッド・リムのターサント星系の代表で、新共和国の元老院議長。スターキラー基地からの攻撃で命を落とす。

生物

Luggabeast
ラガビースト

体全体が工学強化された生物。ティードーが荷物を運搬するために利用している。

Worrt
ワート

タトゥイーンをはじめ、いくつかの惑星で生息が確認されている生物。獲物を捕食するときは、長い舌を伸ばしてからめとる。

Happabore
ハッパボア

多数の惑星で生息する雑食性の生物で、さまざまな環境に適応できる。

"Crusher" Roodown
"クラッシャー" ルーダウン

ニーマ・アウトポストで働くスカベンジャー。誤解がもとでアンカー・プラット盗賊団に腕を切断され、機械の腕を装着している。

Rathtar
ラスター

トリリアの大虐殺に大きくかかわった狂暴な生物。ハンがプラーナ王の動物園のために捕獲していた。

宇宙船&ビークル

Eravana
エラヴァナ

ミレニアム・ファルコンを失った後、ハンとチューバッカが手に入れた大型貨物船。

Millennium Falcon
ミレニアム・ファルコン

かつてハンとチューバッカが愛用していた貨物船。レイとフィンがジャクーを脱出する際に使用した。

X-wing Fighter
X ウイング・ファイター

レジスタンスの主力戦闘機で、形式番号はT-70。反乱軍で使用されていたT-65を改良したもの。

Rey's Speeder
レイのスピーダー

レイが廃品を集めて作り上げたスピーダー。

Poe Dameron's X-wing Fighter
ポー・ダメロンの X ウイング・ファイター

ポー・ダメロン用のカスタム機で、ブラック・ワンと呼ばれている。

Resistance Transport
レジスタンス・トランスポート

レジスタンスの兵員輸送艇。Bウイング・マーク2など、既存の戦闘機のパーツを流用して作られている。

Star Destroyer *Finalizer*
スター・デストロイヤー ファイナライザー

カイロ・レンの旗艦で、帝国軍のスター・デストロイヤーの約2倍の全長を誇る。

Kylo Ren's Shuttle
カイロ・レンのシャトル

カイロ・レンの個人用シャトル。飛行時には安定翼を伸ばして傾ける。

Star Destroyer *Inflictor*
スター・デストロイヤー インフリクター

帝国軍のスター・デストロイヤー。エンドアの戦いの約1年後に起きたジャクーの戦いで、惑星上に墜落した。

TIE Fighter
タイ・ファイター

ファースト・オーダーの主力戦闘機。帝国軍のタイ・ファイターにはないシールドを装備している。

SF TIE Fighter
SFタイ・ファイター

特殊部隊(スペシャル・フォース)用。防御機能が強化されており、ハイパードライブ発生装置が搭載されている。

Troop Transporter
トループ・トランスポーター

一度に20名のストームトルーパーを輸送できるファースト・オーダーの大気圏突入用強襲着陸艇。

惑星・場所

Jakku
ジャクー

エンドアの戦いの約1年後、新共和国と銀河帝国の激しい戦いが行われた砂漠の惑星。

Niima Outpost
ニーマ・アウトポスト

ジャクーにあるスカベンジャーたちの入植地。

Takodana
タコダナ

マズ・カナタの城がある密林と海に包まれた惑星。銀河中から集まってくる、ならず者たちの避難場所となっている。

D'Qar
ディカー

イリーニウム星系にある緑豊かな惑星。レジスタンスの秘密拠点がある。

Starkiller Base
スターキラー基地

ファースト・オーダーの本拠地がある氷の惑星。星全体が超兵器の発射装置に改造されている。

Hosnian Prime
ホズニアン・プライム

新共和国の首都惑星。

武器

Lightsaber
ライトセーバー

古来、ジェダイとシスが使っている武器。筒状の本体から約1メートルのプラズマ刃が伸びる。

Kylo Ren's Lightsaber
カイロ・レンのライトセーバー

古代のライトセーバーの設計方法をもとに、カイロ・レンが作り上げたライトセーバー。十字型に光刃が伸びる。

Skywalker's Lightsaber
スカイウォーカーのライトセーバー

アナキン・スカイウォーカーが製作したライトセーバー。後に息子であるルークの手に渡るが、惑星ベスピンの空中都市クラウド・シティで紛失する。

Bowcaster
ボウキャスター

ウーキーが使用する伝統的な武器で、エネルギーが装てんされた矢を放つ。

Quarterstaff
クォータースタッフ

自衛のため、レイが廃品から作り出した武器。

Blaster
ブラスター

エネルギー弾を発射する銃器。

組織・戦い

The Galactic Empire
銀河帝国

強大な軍事力を背景に、かつて銀河全体を支配した独裁国家。

The Rebel Alliance
反乱同盟軍

銀河帝国の支配を拒んだ人々が、種族や居住惑星の壁を越えて集結した抵抗組織。

Battle of Endor
エンドアの戦い

ヤヴィンの戦いの約4年後に起こった、銀河帝国と反乱同盟による戦い。帝国軍が建設していた第2デス・スターが反乱軍によって破壊され、皇帝パルパティーンが死亡し、銀河の命運が大きく変わった。

Battle of Jakku
ジャクーの戦い

エンドアの戦いの約1年後、惑星ジャクーに帝国軍の機密探査施設があることを察知した新共和国がこれを強襲。帝国軍は残存艦隊を集結させて防戦に当たったが、敗退した。

The First Order
ファースト・オーダー

銀河帝国の残党が設立した組織。銀河大戦の終結から約30年の間に、強大な軍事力を有するようになった。

The Resistance
レジスタンス

ファースト・オーダーに対抗するため、レイアが組織した小規模な私設軍隊。

The Knights of Ren
レン騎士団

カイロ・レンが率い、最高指導者スノークに仕える謎の騎士団。

The New Republic
新共和国

エンドアの戦いに勝利した反乱同盟軍が約30年前に創設。後に銀河帝国と協定を結び、大戦が終結した。

ジェダイ・シス

Jedi
ジェダイ

フォースを使い、正義と平和のために戦う者たち。かつては1万人もいたが、現在はルークのみとなる。

Sith
シス

フォースのダークサイド（暗黒面）を信奉し、その力を私利私欲のために使う者たち。

The Force
フォース

この世のあらゆるものに内包されている神秘的なエネルギー。

The Dark Side
ダークサイド、暗黒面

フォースが持つ側面の一つ。ジェダイが使うライトサイドとは別に、負の感情を力の源とする。

スター・ウォーズ銀河史

- **46 BSW4** パドメ・アミダラ誕生
- **41 BSW4** アナキン・スカイウォーカー誕生

32 BSW4 スター・ウォーズ　エピソード1／ファントム・メナス

ナブーの戦い
- アナキン・スカイウォーカーがオビ＝ワン・ケノービの弟子となる

22 BSW4 スター・ウォーズ　エピソード2／クローンの攻撃

クローン大戦勃発
- アナキン・スカイウォーカーとパドメ・アミダラが結婚

スター・ウォーズ／クローン・ウォーズ
- アナキン・スカイウォーカーがアソーカ・タノをパダワンにする

19 BSW4 スター・ウォーズ　エピソード3／シスの復讐

コルサントの戦い

クローン大戦終結

銀河帝国建国

- アナキン・スカイウォーカーがシスに転向し、ダース・ベイダーとなる
- ルーク・スカイウォーカーとレイア・オーガナ誕生

BSW4は"Before Star Wars 4"、ASW4は"After Star Wars 4"の略で、頭に付く数字と合わせて「スター・ウォーズ　エピソード4の○年前」「スター・ウォーズ　エピソード4の○年後」を表しています。

19 BSW4
- パドメ・アミダラ死去
- エズラ・ブリッジャー誕生

5 BSW4 スター・ウォーズ 反乱者たち
- エズラ・ブリッジャーがゴーストのクルーと出会う

0 BSW4 スター・ウォーズ　エピソード4／新たなる希望

ヤヴィンの戦い
- オビ＝ワン・ケノービ死去

3 ASW4 スター・ウォーズ　エピソード5／帝国の逆襲

ホスの戦い
- ベイダーと対決したルークが、ライトセーバーを失う

4 ASW4 スター・ウォーズ　エピソード6／ジェダイの帰還

エンドアの戦い
- ヨーダ死去
- アナキン・スカイウォーカー死去

新共和国建国

5 ASW4 ジャクーの戦い

34 ASW4 スター・ウォーズ／フォースの覚醒
- レイとフィンが出会い、カイロ・レンと対決する
- ファースト・オーダーがスターキラー基地を使って新共和国の首都を破壊

この本で**スター・ウォーズ**をもっと楽しもう！

スター・ウォーズを初めて見る人も、何度も見ているファンも、英語のせりふに注目して見てみると、新たな発見や驚きがあるはず。ここで紹介する方法を参考にして、スター・ウォーズの世界をもっともっと楽しもう！

英文シナリオと日本語訳
登場人物のせりふと日本語訳を掲載。

映画再生位置※

解説
単語やフレーズのニュアンス、せりふから読み取れる登場人物の気持ち、発音のコツなど、スター・ウォーズの英語に関する役立つ解説が満載。

語注
わかりにくい単語やフレーズの意味を掲載。

使ってみよう！
各シーンのせりふの中で特に重要なものや、日常会話でも使えるものを紹介。

※DVDやブルーレイ、デジタル配信などの形式の違い、また再生機器の違いによって、再生位置が若干異なる場合があります。

この本でせりふを確認しながら映画を見る

　この本を見ながら、英語音声で映画を再生してみよう。字幕表示は、英語でも日本語でも好きなほうに設定すればOK。**あらかじめシナリオに目を通してから映画を見る**と、英語のせりふがいつもよりわかりやすく感じるはずだ。さらに「語注」や「解説」を読むと、難しい単語やフレーズの意味や、せりふに込められたニュアンスなど、スター・ウォーズの英語をより深く理解できる。**お気に入りのシーンは、何度もくり返し見るのがおすすめ**だ。

この本を通して読んであらすじを理解する

　「ゆっくり映画を見る時間がない」「とにかくすぐにあらすじが知りたい」という人は、**この本にひととおり目を通すだけでも、ストーリーを追うことができる**。1冊読み終えた後には、十分、スター・ウォーズの話題についていけるようになるはずだ。今後の新作を見るための予習としても活用してほしい。

「使ってみよう！」のせりふを練習してみる

　「使ってみよう！」では、特に重要なせりふや、日常会話にも応用可能なせりふをピックアップ。映画を見て発音を確認し、**登場人物になりきって言ってみよう。スター・ウォーズの世界に浸りながら、英語力を上げる**ことができる。

この本における表記

・本書における日本語訳は、英語学習に役立つよう、なるべく原文に忠実な訳にしてあります。このため、DVDやブルーレイ、デジタル配信などの日本語字幕と訳が異なる場合がありますが、ご了承ください。

・本書におけるシナリオの英文は、英語学習に役立つよう、英語音声に忠実に記載してあります。このため、DVDやブルーレイ、デジタル配信などの英語字幕と若干異なる場合がありますが、ご了承ください。

・各シーン冒頭に記載している映画の再生位置は、「スター・ウォーズ／フォースの覚醒 MovieNEX」(ウォルト・ディズニー・ジャパン)に準拠しています。DVDやブルーレイ、デジタル配信などの形式の違い、また再生機器の違いによって、再生位置が若干異なる場合があります。

・カタカナの発音表記は参考用です。

STAR WARS

The Force Awakens

スター・ウォーズ
フォースの覚醒

STAR WARS
The Force Awakens

A long time ago in a galaxy far, far away . . . .

Luke Skywalker has vanished. In his absence, the sinister FIRST ORDER has risen from the ashes of the Empire and will not rest until Skywalker, the last Jedi, has been destroyed.

With the support of the REPUBLIC, General Leia Organa leads a brave RESISTANCE. She is desperate to find her brother Luke and gain his help in restoring peace and justice to the galaxy.

Leia has sent her most daring pilot on a secret mission to Jakku, where an old ally has discovered a clue to Luke's whereabouts . . . .

galaxy=銀河、銀河系／ vanish=消える／ in one's absence=〜のいないところで／ sinister=邪悪な／ risen [リズン]=rise (生じる、起こる) の過去分詞形／ ash=灰／ the Empire=銀河帝国／ rest=休む／ destroy=〜を破壊する／ the Republic=共和国／ general=将軍、将官／ lead=〜を指揮する／ brave=勇敢な／ desperate to do=〜した

スター・ウォーズ
フォースの覚醒

遠い昔、はるかかなたの銀河系で……

ルーク・スカイウォーカーは姿を消した。彼の不在の中、帝国の残党から立ち上がった邪悪なファースト・オーダーは、最後のジェダイであるスカイウォーカーを殺すまで手を緩めるつもりはない。

共和国の支援を得て、レイア・オーガナ将軍は勇敢なレジスタンスを指揮。兄であるルークを見つけ出し、彼の力を借りて銀河系に平和と正義を取り戻そうと必死だ。

レイアは、最も大胆不敵なパイロットに秘密の任務を与えてジャクーへ送るが、そこでは、古くからの盟友がルークの居場所を知る手がかりを得ていたのだった……。

くてたまらない／ gain＝〜を得る／ restore 〜 to ...＝…に〜を取り戻す／ justice＝正義／ sent＝send（〜を送る）の過去分詞形／ daring＝大胆不敵な／ ally［アライ］＝味方、協力者／ clue＝手がかり／ whereabouts＝所在、行方

Scene 1 ▶[00:02:50ごろ～]
秘密のデータ

ルーク・スカイウォーカーが消息を絶った。銀河の支配をもくろむファースト・オーダーは、最後のジェダイである彼を邪魔な存在とし、その行方を追う。一方、ルークの双子の妹で、彼の力を必要とするレジスタンスの将軍レイア・オーガナは、惑星ジャクーにいる古くからの盟友ロー・サン・テッカがルークの行方の手がかりを持つことを知り、部下のポー・ダメロンを向かわせた。

1 Lor San Tekka: This will begin to make things right. I've traveled too far, and seen too much, to ignore the despair in the galaxy. Without the Jedi, there can be no balance in the Force.
ロー・サン・テッカ：これでうまくいく。私はこれまで長い道のりを旅して、あまりに多くのものを見てきたから、銀河系に渦巻く絶望を無視することはできない。ジェダイなくして、フォースの均衡は保てないんだ。

2 Poe Dameron: Well, because of you now we have a chance. The General's been after this for a long time.
ポー・ダメロン：ええ、あなたのおかげで望みが出てきました。将軍は、ずっとこれを探し求めていましたから。

3 Lor San Tekka: Oh, the General? To me, she's royalty.
ロー・サン・テッカ：何、将軍？ 私にとって、彼女は王女様だよ。

4 Poe: Well, she certainly is that.
ポー：ええ、確かにそうですね。

語注 1 make things right＝物事を正しくする／travel＝行く、移動する／ignore＝～を無視する、～を黙殺する／despair＝絶望／without ～＝～がなければ／Jedi＝ジェダイ／balance＝均衡、調和／the Force＝フォース　2 because of ～

テッカはポーに「ルーク・スカイウォーカーの居場所を示す地図」を渡す

〈BB-8が室内へ駆け込んで来て、ビープ音で何かを知らせる〉

5 **Poe:** We got company.
ポー：〈テッカに向かって〉やつらが来ました。

〈ポーが外へ出て様子を確認すると、ファースト・オーダーのトループ・トランスポーターが群を成して迫って来るのが見える〉

6 **Poe:** You have to hide.
ポー：あなたは隠れて。

7 **Lor San Tekka:** You have to leave. Go.
ロー・サン・テッカ：君は逃げなさい。行け。

〈トループ・トランスポーターが次々と着陸する中、ポーはBB-8と共に走って逃げる。トループ・トランスポーターからはストームトルーパーの大群が現れ、村人たちを銃撃する〉

＝〜のために／general＝将軍、将官／after 〜＝〜を求めて、〜を追跡して　**3** royalty＝王位、王族　**4** certainly＝確かに　**5** company＝来客、客

8 **Poe:** Come on, BB-8! Hurry!
ポー：こっちへ来い、BB-8！　早く！

〈ポーとBB-8はXウイングに乗って脱出しようとするが、追って来たストームトルーパーに見つかり、銃撃されてしまう。BB-8はビープ音でポーに何かを伝える〉

9 **Poe:** I see 'em!
ポー：わかってる！

〈ポーはストームトルーパーに反撃するが、Xウイングの機体は破壊されてしまった。ポーはBB-8のボディーに、テッカから受け取ったデータの記録媒体を挿入する〉

10 **Poe:** You take this. It's safer with you than it is with me. You get as far away from here as you can. Do you hear me? I'll come back for you! It will be alright.
ポー：これは君が持っててくれ。俺が持ってるより安全だ。できる限り遠くへ逃げるんだ。いいな？　迎えに行くから！　きっと大丈夫だ。

ポーはテッカから受け取ったデータをBB-8に託した

語注 9 'em＝them　10 Do you hear me?＝いいな?、わかったな?　命令や指示を念押しする表現／alright＝無事で、元気で。all rightの非標準的なつづり

★ **6** と **7** の have to は、外部の状況から客観的に判断して、「〜しなければならない」という意味。敵がやって来たという状況から、You have to hide.（あなたは隠れて）と言っているのです。似た意味に must がありますが、こちらは周りの状況ではなく話し手の意思で「〜しなければならない」と感じているときに使います。例えば、I have to leave. It's getting dark.（そろそろ帰らなくちゃ。暗くなってきたから）なら、外が暗くなってきたという外部の状況から判断したことがうかがえます。一方、I must leave here by 6:00 today.（今日は6時までに帰らなくちゃ）なら、6時以降に何か用事があって話し手自身がそう決めたということが伝わります。

★ **9** の I see 'em! は、I see them! の音が変化したもの。them の th- が発音されず、［アイスィーエム］のように聞こえます。

★ **10** の You get as far away from 〜 as one can<possible>. は、「〜からできる限り離れた場所へ逃げろ」という意味です。相手に脱出を促すようなときに使われます。

＼ 使ってみよう！ ／

We got company.
やつらが来ました。（ポー）

　company といえば「会社」ですが、ここでは「客、訪問者」という意味で使われています。We got company. で「客が来た」「客が来ている」という決まり文句になります。ここでは「敵が来た」というニュアンスで、このように好まざる客に対しても使えます。ちなみに、かかってきた電話の相手に I've got company. と言えば「今、来客中です」となり、つまり「今は話ができません」と間接的に断るときに使えます。

Scene 2
▶[00：06：50ごろ～]
ダークサイドの力

ロー・サン・テッカの住む村を、ファースト・オーダーが襲撃。その中には、これが初陣となるストームトルーパー、FN-2187の姿もあった。一方、Xウイングを破壊されたポーは、テッカから受け取った「ルーク・スカイウォーカーの居場所を示す地図」をBB-8に託し、物陰からブラスターで応戦する。だが、村は敵に占拠されてしまい、さらに指揮官であるカイロ・レンが現れた。

1 Kylo Ren: Look how old you've become.
カイロ・レン：ずいぶん年老いたな。

2 Lor San Tekka: Something far worse has happened to you.
ロー・サン・テッカ：お前はそれよりずっとひどい変化を遂げたな。

3 Kylo Ren: You know what I've come for.
カイロ・レン： 何のために来たかはわかっているはずだ。

4 Lor San Tekka: I know where you come from. Before you called yourself Kylo Ren.
ロー・サン・テッカ：お前の生い立ちなら知っているよ。カイロ・レンと名乗るより前からな。

5 Kylo Ren: The map to Skywalker. We know you found it. And now you're going to give it to the First Order.
カイロ・レン：スカイウォーカーの居場所を示す地図だ。お前が見つけたことはわかっている。それをファースト・オーダーに渡せ。

> **語 注** 1 look＝～を確かめる、～を調べる。Look how ～ で「どれだけ～か見てみろ、まったく～なことだ」と感嘆を表す　2 far＝はるかに／worse［ワース］＝より悪い。badの比較級　5 found［ファウンド］＝find（～を見つける）の過去分詞形

地図を渡すようテッカに要求するカイロ・レン。2人は旧知の間柄だった

6 Lor San Tekka: The First Order rose from the dark side. You did not.
ロー・サン・テッカ：ファースト・オーダーは暗黒面から生まれた。お前はそうじゃない。

7 Kylo Ren: I'll show you the dark side.
カイロ・レン：暗黒面を見せてやろうか。

8 Lor San Tekka: You may try. But you cannot deny the truth that is your family.
ロー・サン・テッカ：好きにしろ。だが、お前の血筋という真実は変えられんぞ。

9 Kylo Ren: You're so right.
カイロ・レン：そのとおりだな。

---

6 rose＝rise（起きる、生じる）の過去形　8 deny［ディナイ］＝〜を否定する／truth＝真実

〈カイロ・レンはライトセーバーを振り下ろし、テッカの体を切り裂く。それを見たポーはカイロ・レンを銃撃するが、フォースの力で動きを封じられ、ストームトルーパーに捕らわれてしまう。ポーはカイロ・レンのもとに連行されるが、カイロ・レンはポーをじっと見つめ、何も言わない〉

10 Poe: So, who talks first? You talk first? I talk first?
ポー：で、どっちが先にしゃべる？　あんたが先？　それとも俺か？

11 Kylo Ren: The old man gave it to you.
カイロ・レン：あの老人から地図を受け取ったな。

12 Poe: It's just very hard to understand you with all the . . .
ポー：〈カイロ・レンのマスクを指して〉全然聞き取れないよ、あんたのその……

13 Kylo Ren: Search him.
カイロ・レン：〈ストームトルーパーに向かって〉こいつを調べろ。

14 Poe: . . . apparatus.
ポー：……マスクのせいで。

〈ストームトルーパーがポーの体を調べる〉

15 Stormtrooper #1: Nothing, sir.
ストームトルーパー１：何もありません、閣下。

16 Kylo Ren: Put him on board.
カイロ・レン：船に連行しろ。

語注 13 search＝〜を調べる、〜の所持品を検査する　14 apparatus［アパラタス］＝機具、装置　16 put 〜 on board＝〜を乗船させる　17 villager＝村人　19 command＝命令、号令／fire＝発砲する

〈ポーはトループ・トランスポーターに連行される〉

17 Captain Phasma: Sir, the villagers?
キャプテン・ファズマ：閣下、村の者たちは？

18 Kylo Ren: Kill them all.
カイロ・レン：皆殺しにしろ。

〈ストームトルーパーたちは村人を取り囲み、ブラスターを構える〉

19 Captain Phasma: On my command. Fire.
キャプテン・ファズマ：攻撃用意。撃て。

〈ストームトルーパーたちは一斉に村人たちを銃撃する〉

20 Poe: Please, no!
ポー：やめてくれ！

〈FN-2187は、銃撃できずにブラスターを下ろす〉

カイロ・レンは、ポーが放ったエネルギー弾をフォースで阻止する

★ 8 の助動詞 may は、人に許可を与える場面で使うと、権威的に響きます。親が子に対して、上司が部下に対してなど、上下関係の間で使われ、時に傲慢に聞こえます。一方、同じ許可を表す can は、間柄に関係なく使われ、客観的なニュアンスがあります。その違いは、You may go home. なら「帰宅してもよろしい」、You can go home. なら「帰宅してもいいと思うよ」といった感じです。

★ 16 の board は、名詞で「船内、甲板」という意味です。on board で「船内に、船上に」、文全体で「彼を船に乗せろ」の意。前置詞 on は「接触」を表します。「船の甲板に接触させる＝船に乗せる」というわけです。車や飛行機、バスなどに対しても使えます。

★ 19 の On my command.（攻撃用意）の command は「命令」という意味の名詞です。それに「接触」を表す前置詞 on がつくことで「命令に時間的にくっついている」、つまり「命令と同時に」という意味になります。似た表現に on time（時間どおりに）があり、これも「時間」とピッタリ接触しているイメージです。

＼使ってみよう！／

You know what I've come for.

何のために来たかはわかっているはずだ。（カイロ・レン）

　You know what I've come for. の You know ～は「～はわかるだろ、わかっているはずだ」というニュアンス。what ～ for で「何のために、なぜ」と目的や理由を表します。ここでは、What have I come for?（なぜ私が来たのか？）が動詞 know の目的語になったため、語順が「what ＋主語＋動詞＋ for」に変わりました。what ～ for は why に言い換えることができます。例えば、What did you come here for?（なぜここに来たの？）なら Why did you come here? という具合です。

Scene 3 ▶[00:15:00ごろ～]
レイとBB-8の出会い

BB-8は村から脱出し、ポーはファースト・オーダーのスター・デストロイヤーに拘留される。艦に戻ったFN-2187は、上官のキャプテン・ファズマにブラスターを点検に出すよう命じられる。一方、惑星ジャクーでスカベンジャー（廃品回収業者）をしながら一人で暮らす少女レイは、どこかでドロイドがけたたましく鳴く声を耳にする。レイが向かうと、そこには、同業者のティードーの網に捕まったBB-8の姿があった。

〈レイはティードーの言葉で何かを叫ぶ。ティードーはレイに言い返すが、レイはティードーへ駆け寄り、ナイフで網を切ってBB-8を解放する。レイはティードーをピシャリとしかりつける。ティードーがその場を去ると、BB-8はビープ音で文句を言う〉

1　Rey: Shhhh.
レイ：シーッ。

〈BB-8は静かになる〉

2　Rey: That's just Teedo. Wants you for parts. He has no respect for anyone. Your antenna's bent.
レイ：あれはティードーよ。あなたの部品が目当てなの。あいつには敬意ってものがない。アンテナ、曲がっちゃったわね。

〈レイはBB-8のアンテナをまっすぐに直す〉

レイはティードーに捕らえられたBB-8を助ける

> **語注** 2 Wants＝ここではHe wantsのこと／part＝部品／respect＝尊敬、敬意／antenna＝アンテナ／bent＝曲がった

レイはBB-8に、どこから来たのか尋ねる

3　Rey: Where do you come from?
レイ：あなた、どこから来たの？

〈BB 8はビープ音で応える〉

4　Rey: Classified, really? Me too. Big secret.
レイ：極秘って、そうなの？　私も同じよ。重大な秘密なの。

〈レイは遠くを指さす〉

5　Rey: Niima Outpost is that way. Stay off Kelvin Ridge. Keep away from the Sinking Fields in the north, you'll drown in the sand.
レイ：ニーマ・アウトポストはあっち。ケルビン・リッジからは離れてて。北側のシンキング・フィールドには近づいちゃダメ、砂の中に沈んじゃうから。

〈レイはその場を去ろうとするが、BB-8は彼女の後を追う〉

> **語注**　4 classified＝機密の／secret＝秘密　5 Niima Outpost＝ニーマ・アウトポスト。惑星ジャクーにあるスカベンジャーたちの入植地／stay off ～＝～から離れている、～に近づかない／Kelvin Ridge＝ケルビン・リッジ。ジャクーの地名／keep

6　Rey: Don't follow me.　Town is that way.
レイ：ついて来ないで。街はあっちよ。

〈BB-8はビープ音で何かを言う〉

7　Rey: No!
レイ：ダメだったら！

〈レイは再びその場を去ろうとするが、心細い様子のBB-8に根負けして彼を呼び寄せる。レイとBB-8は一緒に歩き出す〉

8　Rey: In the morning, you go.
レイ：朝になったら行くのよ。

〈BB-8はビープ音で何かを言う〉

9　Rey: You're welcome.
レイ：どういたしまして。

BB-8はなぜか、レイから離れようとしない

---

away from ～=～に近づかない、～を避ける／ the Sinking Fields=シンキング・フィールド。ジャクーの地名で、流砂地帯／ drown ［ドラウン］=溺れ死ぬ

★ 2 の動詞 want は、本来「何かが欠乏している」の意。転じて「足りないから必要だ」つまり「〜を欲する」という意味になり、欲求が全面に出ているニュアンスです。(He) wants you for parts. で、「(彼が)部品を求めて、あなたを欲している」ということ。

★ 4 の Me too.（私も同じよ）は相手に賛同するフレーズです。何度も使うと幼く聞こえるので、普段の会話では、同じ意味の So do I. も使いましょう。do の部分は、相手が使った動詞や助動詞に合わせて変わります。例えば、I like dogs.（犬が好き）に対して「私も」なら So do I.、I will eat here.（ここで食べよう）に対して「私も」なら So will I.、I'm looking forward to seeing you again.（また会うのを楽しみにしてる）に対して「私も」なら So am I. となります。

★ 5 の動詞 stay は、「動いているものが一時的にある地点にとどまる」ということ。そこから「〜のままでいる」という意味でも使います。前置詞 off は「分離」を表し、対象から離れる動きや、離れた状態を意味します。stay off 〜で「〜から離れたままでいる」。

\ 使ってみよう！/

He has no respect for anyone.

あいつには敬意ってものがない。（レイ）

　have respect for 〜は「〜を尊敬する、〜に敬意を払う」。respect の前に no を置くと、「まったく敬意がない」という意味になります。このフレーズは、普段の会話にも応用できます。「彼は彼女に一目置いている」なら He has some respect for her.、「彼は彼女をとても尊敬している」なら He has great respect for her. となります。また、動詞 have の代わりに show（〜を示す、〜を見せる）もよく使われます。

Scene4 ▶[00:18:00ごろ〜]
ドロイドを奪え

ファースト・オーダーに捕らわれたポーは、地図の隠し場所を聞き出そうとする拷問に耐えていた。しかし、カイロ・レンのフォースの力によって、BB-8の中に隠したことを知られてしまう。一方、レイは集めた廃品を食料に交換するため、BB-8を連れてニーマ・アウトポストに向かっていた。

1　Rey: Don't give up hope. He still might show up. Whoever it is you're waiting for. Classified. I know all about waiting.
レイ：望みを捨てちゃダメ。まだ彼は戻るかもしれない。誰を待ってるのか知らないけど。極秘なんでしょ。私も待つのは慣れてるの。

〈BB-8はビープ音でレイに何かを言う〉

2　Rey: For my family. They'll be back. One day. Come on.
レイ：家族よ。きっと戻って来るわ。いつの日か。おいで。

〈ニーマ・アウトポストの廃品交換所では、レイが差し出した廃品をアンカーが品定めしている〉

3　Unkar: These five pieces are worth .... Let me see here .... One half portion.
アンカー：この部品5つの値段は……。そうだな……。半ポーションだ。

4　Rey: Last week they were a half portion each.
レイ：先週は1つで半ポーションだったわよ。

語注　**1** give up 〜＝〜をあきらめる／might do＝ひょっとしたら〜するかもしれない／show up＝姿を現す／whoever 〜＝誰が〜でも　**3** piece＝片、断片／worth＝〜の価値のある／portion＝（食べ物の）1人前　**4** each＝それぞれ

スター・ウォーズ／フォースの覚醒　45

アンカーはレイが連れているBB-8について尋ねる

5 Unkar: What about the droid?
アンカー：そのドロイドは？

6 Rey: What about him?
レイ：ドロイドが何？

7 Unkar: I'll pay for him. Sixty portions.
アンカー：そいつなら買い取ってやるぞ。60ポーションだ。

〈レイは差し出された大量の食料に思わず手を伸ばすが、考え直す〉

8 Rey: Actually . . . the droid's not for sale. Come on.
レイ：いいえ……このドロイドは売り物じゃないの。〈BB-8に向かって〉おいで。

〈レイとBB-8はその場を去る。アンカーは無線機を手に取る〉

9 Unkar: Follow the girl and get that droid.
アンカー：〈無線機に向かって〉あの娘を追ってドロイドを奪え。

語注 5 What about ～?＝～はどうですか？／droid＝ドロイド　7 pay for ～＝～の代金を払う　8 actually＝実のところ／for sale＝売り物の

★ **1** の show up は「現れる、姿を現す」という意味。前置詞 up には「上へ」というニュアンスがあるので、show up（または turn up）は「対象物が上に上がってきて、見えるようになる」というイメージです。

★ **6** の What about him? は、前の What about the droid?（そのドロイドは？）に対して、「彼が何だと言うの、彼が何か？」という意味で使われています。日常会話では、Did you bring your driver's license today?（今日、運転免許証を持ってきた？）と聞かれて、Yes, but what about it?（うん、でもそれがどうかしたの？）のように言ったりします。what about の後ろには、前の語句を受けて it、him、her、them などの代名詞が入ることが多いです。

★ **8** の for sale は「売り物の、売りに出ている」という意味で、not for sale で「非売品」。ちなみに on sale は、アメリカ英語では「特価で、格安で、値下げして」の意味で使うことが多いですが、イギリス英語では for sale も on sale も同じ「売り物の」という意味です。

＼ 使ってみよう！／
I know all about waiting.
私も待つのは慣れてるの。（レイ）

　know all about ～は「～について全て知っている・熟知している」という意味で、直訳は「私は待つこと（waiting）を熟知している」。そこから、「私も待つのは慣れてるの」というニュアンスになります。また、I know all about it<that>. も普段よく使うフレーズで、「すべてお見通しだよ」という意味です。

スター・ウォーズ／フォースの覚醒

Scene 5 ▶[00:19:20ごろ〜]
ファースト・オーダーからの脱出①

キャプテン・ファズマにブラスターの提出を命じられたFN-2187は、ファースト・オーダーからの脱走を決意していた。ブラスターをスキャンされたら、彼がジャクーでの虐殺に加担しなかったことが判明し、懲罰はまぬがれないからだ。だが、彼には戦闘機を操縦する技術がない。そこでFN-2187は、捕虜にされたレジスタンスのパイロットを尋問室から連れ出す。

1　FN-2187: Ren wants the prisoner.
FN-2187：レンが捕虜をお呼びだ。

〈FN-2187はポーに手錠を掛けて連行し、通路を進む〉

2　FN-2187: Turn here.
FN-2187：ここを曲がれ。

〈FN-2187は突然、ポーを狭い通路に押し込む〉

3　FN-2187: Listen carefully. If you do exactly as I say, I can get you out of here.
FN-2187：よく聞け。言うとおりにすれば、ここから逃がしてやる。

4　Poe: What?
ポー：えっ？

〈FN-2187はヘルメットを外し、素顔をさらす〉

語注　1 prisoner＝捕虜　3 exactly＝まさに、そのとおりに／get 〜 out of ...＝〜を…から脱出させる　5 rescue＝救出、救助／help 〜 do＝〜が…するのを手伝う・助ける／escape＝逃げる、脱出する／fly＝〜（飛行機）を操縦する／TIE fighter＝

FN-2187は、ポーにタイ・ファイターの操縦ができるか問う

5 **FN-2187:** This is a rescue. I'm helping you escape. Can you fly a TIE fighter?
FN-2187：助けに来たんだ。お前をここから逃がしてやる。タイ・ファイターは操縦できるか？

6 **Poe:** You're with the Resistance?
ポー：お前、レジスタンスの一員なのか？

7 **FN-2187:** What? No no no. I'm breaking you out. Can you fly a TIE fighter?
FN-2187：えっ？　違う、違う、違う。お前を逃がすんだ。タイ・ファイターは操縦できるのか？

8 **Poe:** I can fly anything. Why? Why are you helping me?
ポー：何だって操縦できるさ。なぜ？　なぜ俺を助けるんだ？

タイ・ファイター。ファースト・オーダーの主力戦闘機　**7** break 〜 out＝〜を脱走させる

スター・ウォーズ／フォースの覚醒

9 **FN-2187:** Because it's the right thing to do.
FN-2187：だって、それが正しいことだろ。

10 **Poe:** You need a pilot.
ポー：パイロットが必要なんだな。

11 **FN-2187:** I need a pilot.
FN-2187：パイロットが必要なんだ。

〈ポーは笑みを浮かべる〉

12 **Poe:** We're gonna do this.
ポー：やってやろうぜ。

13 **FN-2187:** Yeah?
FN-2187：〈不安げに〉ああ。

FN-2187はポーを移送中の捕虜に見せかけ、格納庫を目指す

〈FN-2187はポーを連行するように見せかけながら、タイ・ファイターが並ぶ格納庫の中を歩く〉

14 **FN-2187:** Okay. Stay calm. Stay calm.
FN-2187：いいか。落ち着け。落ち着け。

15 **Poe:** I am calm.
ポー：俺は落ち着いてるよ。

16 **FN-2187:** I'm talking to myself. Not yet. Okay, go. This way.
FN-2187：自分に言ってるんだ。まだだ。よし、行くぞ。こっちだ。

語注 12 gonna［ガナ］−going to　14 calm［カーム］＝冷静な、落ち着いた　17 shoot＝射撃する　18 blaster＝ブラスター。エネルギー弾を発射する銃器　19 principle＝原理、原則／toggle＝トグル。状態を交互に切り替えできるスイッチ

〈FN-2187とポーは急いでタイ・ファイターに乗り込む〉

17 Poe: I always wanted to fly one of these things. Can you shoot?
ポー：ずっとこいつを操縦してみたかったんだ。射撃はできるか？

18 FN-2187: Blasters, I can.
FN-2187：ブラスターなら。

19 Poe: Okay, same principle. Use the toggle on the left to switch between missiles, cannons, and mag pulse. Use the sight on the right to aim. Triggers to fire.
ポー：よし、原理は同じだ。左のトグルでミサイル、キャノン砲、電磁パルスを切り替える。右の照準器で狙いを定めろ。引き金を引いて発射だ。

20 FN-2187: This is very complicated.
FN-2187：ややこしいな。

〈ポーはタイ・ファイターを出発させるが、機体がケーブルにつながれており、発艦できない〉

21 Poe: I can fix this.
ポー：なんとかしよう。

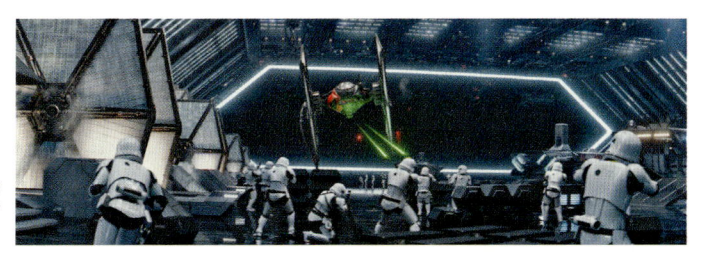

ポーとFN-2187は、タイ・ファイターを奪って逃亡を図る

switch＝変更する／missile［ミセゥ］＝ミサイル／cannon＝キャノン砲／mag pulse［パゥス］＝電磁パルス。magはmagnetic（磁気の）の略／sight＝照準器／aim［エイム］＝照準を定める／trigger＝引き金　**21** fix＝〜（問題など）を解決する

★ **1** の動詞 want（〜を欲する）は、「〜（人）に用がある・会いたがっている」という意味でも使われます。ここでは、「レンが捕虜に会いたがっている」というニュアンスです。

★ **7** に出てくる break out は「脱出する、脱走する」ということ。人を目的語にして、「break ＋人＋ out」で、「〜（人）を脱走させる」という意味になります。break は「外から圧力を加えて物を破壊する」、out は「外に出ている」というイメージです。

★ **17** の one of these things は、直訳すると「これらの物・事の一つ」という意味。つまり、「この手のもの」というニュアンスで、ここではタイ・ファイターを指しています。英語ではこういった言い回しがよく出てきます。

\ 使ってみよう！/

I can fix this.

なんとかしよう。（ポー）

　動詞 fix は「不安定なものやバラバラなものを定位置に固定させる」ということ。そこから「〜を修理する、〜を解決する、〜（食事）の用意をする」といった意味が生まれました。このシーンの fix は、ケーブルにつながれて発艦できないタイ・ファイターの状態を解決して、「ちゃんと脱出できるようにする」という意味で使われています。

Scene 6 ▶[00：21：25ごろ〜]
ファースト・オーダーからの脱出②

タイ・ファイターに乗り込んだポーとFN-2187は、ストームトルーパーたちに銃撃されながらも、機体を係留していたケーブルを切り離して、なんとかスター・デストロイヤーを脱出する。砲撃される危険性を減らすため、ポーたちはスター・デストロイヤーのキャノン砲の破壊を試みる。

1　Poe: Woooahhh! This thing really moves.
ポー：フーッ！　こいつ、よく動くぜ。

〈ポーたちは脱出に成功するが、スター・デストロイヤーのキャノン砲に攻撃される〉

2　Poe: All right, we gotta take out as many of these cannons as we can or we're not gonna get very far.
ポー：いいか、あのキャノン砲をできるだけ多く壊せ、でないとそう遠くへは行けないぞ。

3　FN-2187: All right.
FN-2187：わかった。

4　Poe: I'm gonna get us in position. Just stay sharp!
ポー：俺が位置に付ける。気を抜くなよ！

ポーはFN-2187に、スター・デストロイヤーのキャノン砲を破壊するよう指示する

語注　**2** gotta［ガラ］＝got to 。(have) got to doで「〜しなければならない」／take out 〜＝（遠回しに）〜を壊す／or＝さもないと／get far＝遠くまで行く
4 stay sharp＝警戒を続ける、気を抜かない

初めて乗ったタイ・ファイターで懸命に砲手を務めるFN-2187

5 **Poe:** Up ahead! Up ahead! You see it? I got us dead centered. It's a clean shot.
ポー：前方！　前方だ！　見えるか？　真正面に付けた。まっすぐ撃て。

6 **FN-2187:** Okay, got it.
FN-2187：よし、わかった。

〈FN-2187は前方のキャノン砲に狙いを定めて砲撃し、命中させる〉

7 **FN-2187:** Yeah!
FN-2187：やったぞ！

8 **Poe:** Yes!
ポー：よし！

9 **FN-2187:** You see that? Did you see that?
FN-2187：見たか？　今の見たか？

語注　**5** dead＝ちょうど／center＝～を中央に置く／clean＝障害物のない／shot＝発射、射撃　**6** got it＝わかった、了解しました　**14** I ain't＝I'm not　**17** (It's) good to meet you.＝はじめまして。よろしく。

10 **Poe:** I saw it! Hey, what's your name?
ポー：見たさ！　なあ、お前の名は？

11 **FN-2187:** FN-2187.
FN-2187：FN-2187だ。

12 **Poe:** F—what?
ポー：F ── 何だって？

13 **FN-2187:** That's the only name they ever gave me.
FN-2187：それが、やつらから与えられた唯一の名だ。

14 **Poe:** Well I ain't using it. FN, huh? Finn. I'm gonna call you Finn. Is that all right?
ポー：いや、俺はそうは呼ばないぞ。FNだな？　フィン。フィンと呼ぶよ。それでいいか？

15 **Finn:** "Finn." Yeah, "Finn," I like that! I like that!
フィン：「フィン」。うん、「フィン」か、いいな！　気に入った！

16 **Poe:** I'm Poe. Poe Dameron.
ポー：俺はポー。ポー・ダメロンだ。

17 **Finn:** Good to meet you, Poe.
フィン：よろしくな、ポー。

18 **Poe:** Good to meet you too, Finn.
ポー：よろしく、フィン。

FN-2187は、ポーがつけた「フィン」という呼び名を気に入る

スター・ウォーズ／フォースの覚醒

★ **4** の I'm gonna get us in position.（俺が位置に付ける）の in position は「所定の位置にあって・いて」。この文は I'm gonna get ＋ we are in position と考えると、わかりやすいでしょう。つまり、「私たちが所定の位置にいることを獲得する」ということです。

★ **14** の I ain't using it.（俺はそうは呼ばないぞ）に出てくる ain't は、am not、aren't、isn't、haven't、hasn't の代わりに使える便利な表現です。ただ、会話では頻繁に耳にするものの、一般的には教養のない英語とされているため、初対面の人に対してや、改まった場所では使わないほうが無難です。

★ **17** の Good to meet you.（よろしくな）は本来は It's good to meet you. ですが、It's があるとフォーマルな響きになるので、くだけた会話では通常省略されます。ほかに Nice to meet you.（はじめまして）も、初対面の人とのあいさつの定番です。I'm を主語にした I'm glad<pleased> to meet you. もありますが、「初めてお目にかかります」といった感じで、ややフォーマルに響きます。

\ 使ってみよう！/

Okay, got it.

よし、わかった。(FN-2187)

　got it は I got it.（わかった、承知した）の I が省略された、くだけた形です。相手の言ったことを理解したときや、頼まれたことを承諾したとき、問題の答えや解決策がわかったときなどに使われます。現在形の I get it. という言い方もあり、こちらは同じ「わかった」でも、相手の考えや状況が明確になってきたときに、「そういうことか、なるほどそうか」というニュアンスで用いられることが多いです。got it は [ガリッ]、get it は [ゲリッ] といった感じで発音します。

Scene 7 ▶[00:22:55ごろ～]
ジャクーに戻れ

スター・デストロイヤーでは、FN-2187が手を貸してポーを脱出させたことがカイロ・レンとハックス将軍に知られていた。ファースト・オーダーは、キャノン砲でポーたちの乗るタイ・ファイターを撃墜しようとする。だが、ポーとフィンは絶妙なコンビネーションでこれに対抗する。

1 Poe: One's coming towards you. My right, your left. Do you see it?
ポー：お前のほうに1発近づいてる。俺の右、お前の左だ。見えるか？

2 Finn: Hold on. I see him!
フィン：待てよ。見えたぞ！

〈フィンは敵の砲弾を1発撃墜する〉

3 Poe: Nice shot.
ポー：ナイスショット。

遠くへ逃げたいフィンに対し、ポーは「ジャクーに戻る」と言い出す

〈ポーは機体をジャクーに向かって方向転換させる〉

4 Finn: Where are we going?
フィン：どこへ行く？

5 Poe: We're going back to Jakku. That's where.
ポー：ジャクーへ戻る。それが行き先さ。

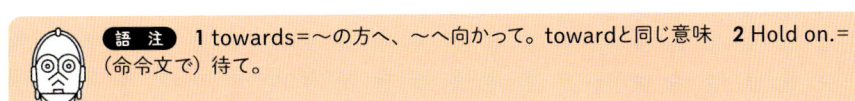

語注 1 towards＝～の方へ、～へ向かって。towardと同じ意味　2 Hold on.＝（命令文で）待て。

ポーは、BB-8が重要な地図を持っていることをフィンに明かす

6 **Finn:** No no no! We can't go back to Jakku. We need to get outta this system.
フィン：おい、おい、おい！　ジャクーには戻れないよ。この星系から出ないと。

7 **Poe:** I gotta get my droid before the First Order does.
ポー：俺のドロイドを、ファースト・オーダーより先に迎えに行くんだ。

8 **Finn:** What — a droid?!
フィン：何だって——ドロイド!?

9 **Poe:** That's right. He's a BB unit, orange and white. One of a kind.
ポー：そうだ。BBユニットで、色はオレンジと白。限定モデルだ。

語注　6 outta［ノウタ］=out of／system=star system（星系）　7 gotta［ガラ］=got to　9 one of a kind=ほかに類のないもの　10 care=構う、気にする　11 pal=友だち、仲間　13 lead to 〜=〜へ通じる／straight=まっすぐに、一直線に

10 **Finn:** I don't care what color he is! No droid can be that important.
フィン：色なんかどうだっていい！　ドロイドがそんなに重要なものか。

11 **Poe:** This one is, pal.
ポー：こいつは重要なんだよ、相棒。

12 **Finn:** We gotta get as far away from the First Order as we can. We go back to Jakku, we die!
フィン：ファースト・オーダーからできるだけ遠くへ離れないと。ジャクーに戻ったら死ぬぞ！

13 **Poe:** That droid has a map that leads straight to Luke Skywalker.
ポー：あのドロイドは、ルーク・スカイウォーカーの居場所を示す地図を持ってるんだ。

14 **Finn:** Oh, you gotta be kidding me!　I ―
フィン：おい、冗談だろ！　俺は――

〈2人が乗るタイ・ファイターは被弾する〉

ポーとフィンが乗るタイ・ファイターは撃墜されてしまう

14 You gotta be kidding me.＝冗談でしょう？、まさか。kidは「～をからかう」

★ 5 の That's where. は、That's where we're going.（それが俺たちの行き先だ）の we're going が省略された形。このように状況から容易にわかる部分は、よく省略されます。特に日常会話では省略の傾向が顕著で、これは人間が本来持っているエネルギー節減の原理、つまり、なるべく楽して伝えたいという心理が働くからです。

★ 7 の gotta（got to）は have got to（〜しなければならない）の have が省略された形で、gotta は［ガラ］のように発音します。

★ 9 の one of a kind（独自のもの、唯一のもの）は決まり文句で「ほかに例がないオリジナル」ということ。This jacket is one of a kind. なら「このジャケットは一点ものだよ」ということです。

★ 11 の pal は「男の仲間や相棒」を指します。気さくに呼びかけるときに「お前、仲間よ、相棒よ」といった意味でも使います。また、buddy も同じ意味。例えば、友だちに What's up, buddy?（調子はどうだい、相棒？）と話しかけたりするときに使います。

＼使ってみよう！／

Oh, you gotta be kidding me!

おい、冗談だろ！（フィン）

gotta［ガラ］は got to の短縮形で、kid は動詞で「〜をからかう」という意味です。you gotta be kidding は、［ユガラビィーキディン］のように聞こえます。信じられないことを聞いたときや、驚いたときに使う表現で、悪いこと、良いことのどちらにも使えます。You gotta be joking! と言っても OK。ただ、あまり親しくない人や目上の人に対して使うと、カジュアルすぎる印象を与えることもあるので、友だちと話すときに使いましょう。

砂漠をさまようフィン

フィンはタイ・ファイターから脱出した後、意識を失ってしまう。目を覚ました彼は、慌ててポーの姿を探すが、近くには彼らが乗っていたタイ・ファイターの無残な姿しか見当たらない。

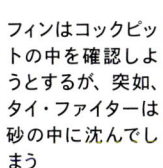

フィンはコックピットの中を確認しようとするが、突如、タイ・ファイターは砂の中に沈んでしまう

装甲服を脱ぎ捨てたフィンは、水と日陰を求めてひたすら砂漠を進み、ニーマ・アウトポストにたどり着く

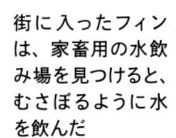

街に入ったフィンは、家畜用の水飲み場を見つけると、むさぼるように水を飲んだ

レイアは将軍になる前は王女だった?

p.32で、ロー・サン・テッカがレイアのことを「私にとって、彼女は王女様だよ」と言うシーンがあるが、それはなぜか? レイアと双子の兄ルークの母パドメは、惑星ナブーの女王を務めたこともある元老院議員だったのだが、2人を産んだ直後に死去。そのため、ルークは父アナキンの義兄弟であるオーウェン・ラーズに託され、惑星タトゥイーンで育った。一方、レイアはパドメと懇意にしていた惑星オルデラン出身の元老院議員で、同惑星の女王を妻に持つベイル・オーガナに引き取られ、プリンセスとして育てられたのだ。

ヤヴィンの戦いの戦勝式典で、王女として正装した姿を披露した若き日のレイア (EP4)

カイロ・レンの言うクローン軍とは?

p.64で、カイロ・レンはハックス将軍の部下たちの能力に疑問を示した後、「指導者スノークは、クローン軍の活用を考えるべきだろう」と言っている。この「クローン軍」とは、約66年前に起きた「クローン大戦」の際に投入された銀河共和国の軍隊のことだ。

クローン大戦に投入された第一世代のクローン・トルーパーたち (EP2)

クローン軍の兵士は、全員が腕利きの賞金稼ぎジャンゴ・フェットのクローンで、加速的に成長する。そのため短期間で実戦への参加が可能なのだが、老化するスピードも速いという欠点があった。そのせいか、銀河共和国から政権を奪った銀河帝国は、兵士たちを徐々に普通の人間に入れ替えていったようだ。

Scene 8 ▶[00：26：10ごろ～]
ハックスとカイロ・レンの対立

撃墜されたポーとフィンのタイ・ファイターは、ジャクーに墜落。気絶していたフィンが目を覚ますとポーの姿はなく、コックピットには彼のジャケットが残されているだけだった。一方、カイロ・レンとハックス将軍は、地図データがBB-8の中に隠されていることを、ファースト・オーダーの最高指導者スノークに報告した。

1 **General Hux:** Supreme Leader Snoke was explicit. Capture the droid if we can, but destroy it if we must.

ハックス将軍：最高指導者スノークは明快だった。可能ならドロイドを回収し、やむを得ない場合は破壊せよと。

2 **Kylo Ren:** How capable are your soldiers, General?

カイロ・レン：お前の部下はどれだけ優秀なんだ、将軍？

3 **General Hux:** I won't have you question my methods.

ハックス将軍：私のやり方に口を挟むな。

カイロ・レンとハックスは、スノークから受けた指示について話す

語注 1 general＝将軍、将官／explicit＝明白な／capture＝～を捕らえる／destroy＝～を破壊する 2 capable＝有能な 3 question＝～に異議を唱える／method＝方法、方式

カイロ・レンは、ポーの逃亡にハックスの部下がかかわっていたことが気に入らない

4 **Kylo Ren:** They're obviously skilled at committing high treason. Perhaps Leader Snoke should consider using a clone army.
カイロ・レン：やつらは、どうやら反逆罪を犯す技術が高いようだな。指導者スノークは、クローン軍の活用を考えるべきだろう。

5 **General Hux:** My men are exceptionally trained, programmed from birth —
ハックス将軍：私の兵士たちは実に良く訓練されている、生まれたときからプログラムされて――

6 **Kylo Ren:** Then they should have no problem retrieving the droid. Unharmed.
カイロ・レン：それなら、ドロイドの回収などたやすいだろう。無傷でな。

語注　4 obviously＝明らかに／skilled at doing＝～するのが上手で／commit＝～（罪・過失など）を犯す／high treason＝反逆、大逆／consider doing＝～しようかと検討する／clone army＝クローン軍　5 exceptionally＝並外れて／train＝

7 **General Hux:** Careful, Ren, that your "personal interests" not interfere with orders from Leader Snoke.
ハックス将軍：気をつけろ、レン、お前の「個人的な興味」が指導者スノークの命令を邪魔しないようにな。

8 **Kylo Ren:** I want that map. For your sake, I suggest you get it.
カイロ・レン：あの地図が必要だ。お前のためにも、手に入れたほうがいいぞ。

ハックスもまた、高圧的な態度のカイロ・レンを快く思ってはいなかった

〜を訓練する／ birth ＝誕生、出生　**6** retrieve ＝〜を回収する／ unharmed ＝無事な、無傷の　**7** interest ＝関心事／ interfere with 〜＝〜を妨げる　**8** for one's sake ＝〜のために／ suggest ＝〜はどうかと勧める

★ **3** に出てくる I won't have ～は、「～を断じて許さない」という、話し手の強い意志を感じさせる表現です。この have は、「have ＋目的語＋動詞の原形（辞書に出てくる形）」で、「～に…させる」という意味。won't［ウォウント］は will not の省略形です。

★ **5** の exceptionally trained（実によく訓練された）のような「副詞＋動詞の過去分詞形」の形は、英語ではよく使われます。例えば、recently issued なら「最近発刊された」、seriously damaged なら「ひどく損傷した」、widely used なら「広く使われている」という意味になります。

★ **6** の should は、「当然～のはずだ」という意味です。確実性は、may（～かもしれない）→ should（当然～のはずだ）→ must（～に違いない）の順に上がります。

＼ 使ってみよう！／

For your sake.

お前のためにも。（カイロ・レン）

sake［セイク］は「動機、目的」といった意味で、for one's sake の形で使うと「～の身のため、～のため」という意味になります。for one's own sake と言ってもOKです。例えば、上司を怒らせてしまった同僚に対して、It's better to say "I'm sorry" now for your own sake.（君自身のためにも、ここは謝っておいたほうがいいよ）といった具合に使います。

Scene 9 ▶[00:28:20ごろ〜]
フィン、レイと出会う

ポーのジャケットを身にまとったフィンは、ニーマ・アウトポストへたどり着く。そこではレイが、BB-8を奪おうとした者たちに反撃し、彼らを打ちのめしていた。BB-8は近寄ってきたフィンの姿を目にし、レイに何かを伝える。すると、レイは武器を片手にフィンを追いかける。フィンは事情がわからないまま慌てて逃げるが、レイに取り押さえられてしまう。

1 Rey: What's your hurry, thief?
レイ：何を急いでるの、泥棒？

2 Finn: What? Thief?
フィン：何だって？　泥棒？

〈BB-8はフィンを攻撃する〉

フィンを見つけたBB-8が、レイにけたたましい音で何かを伝える

3 Finn: Ow! Hey! What?
フィン：いてっ！　おい！　何だよ？

4 Rey: The jacket. This droid says you stole it.
レイ：ジャケットよ。このドロイドは、あなたが盗んだって言ってるわ。

5 Finn: I've had a pretty messed up day, alright? So I'd appreciate it if you stop accusing me —
フィン：今日は大変な目に遭ったんだよ、いいか？　だから俺を責め立てるのをやめてくれたらありがたい——

〈BB-8は再びフィンを攻撃する〉

> **語注**　**1** thief＝泥棒、こそどろ　**3** ow［アウ］＝いてっ　**4** stole＝steal（〜を盗む）の過去形　**5** messed up＝めちゃめちゃな／alright＝わかったか／I'd＝I would／appreciate＝〜をありがたく思う／accuse＝〜を非難する

スター・ウォーズ／フォースの覚醒

レイはフィンにクォータースタッフを突き付ける

6 Finn: Ow! Stop it!
フィン：いてっ！　やめろってば！

7 Rey: Where'd you get it? It belongs to his master.
レイ：それ、どこで手に入れたの？　彼の主人の物でしょう。

8 Finn: It belonged to Poe Dameron. That was his name, right?
フィン：ポー・ダメロンの物だ。それが彼の名前だろう？

9 Finn: He was captured . . . by the First Order. I helped him escape, but our ship crashed. Poe didn't make it.
フィン：彼は捕まったんだ……ファースト・オーダーに。逃がす手助けをしたけど、船が墜落した。ポーは助からなかった。

〈BB-8はうなだれる〉

語注　7 Where'd＝Where did／belong to ～＝～の物である　9 capture＝～を捕らえる／escape＝逃げる／crash＝（飛行機が）墜落する／make it＝（困難などを）乗り切る、（命が）助かる　10 try to do＝～しようと努める　12 obviously＝明

10 Finn: Look, I tried to help him. I'm sorry.
フィン：聞いてくれ、俺は彼を救おうとしたんだ。すまない。

〈BB-8はどこかへ行ってしまう〉

11 Rey: So you're with the Resistance?
レイ：じゃあ、あなたはレジスタンスなの？

12 Finn: Obviously. Yes, I am. I'm with the Resistance, yeah. I'm with the Resistance.
フィン：もちろん。うん、そうだよ。レジスタンスの一員だ、そうさ。俺はレジスタンスだ。

13 Rey: I've never met a Resistance fighter before.
レイ：レジスタンスの戦士に会うのは初めて。

14 Finn: Well, this is what we look like. Some of us. Others look different.
フィン：まあ、見た目はこんな感じさ。一部はね。違うのもいるけど。

15 Rey: BB-8 says he's on a secret mission. He has to get back to your base.
レイ：BB-8は極秘任務に当たってるって言うの。あなたたちの基地に戻る必要があるって。

ポーの死を告げられ、悲しむBB-8

らかに、どう見ても　**13** fighter＝戦士　**15** get back to ～＝～に戻る／ base＝基地

16 Finn: Apparently, he has a map that leads to Luke Skywalker, and everyone's after it.
フィン：彼はルーク・スカイウォーカーの居場所を示す地図を持ってるみたいで、みんながそれを手に入れようとしてるんだ。

17 Rey: Luke Skywalker? I thought he was a myth.
レイ：ルーク・スカイウォーカーですって？ 神話の人だと思ってた。

〈BB-8が慌てて戻って来て、激しくビープ音を鳴らす〉

18 Rey: What?
レイ：どうしたの？

〈レイたちが外へ出ると、アンカーの手下がストームトルーパーにBB-8の居場所を教えていた。フィンはレイの手を取り、走り出す〉

19 Rey: What are you doing?
レイ：何するの？

20 Finn: Come on!
フィン：早く！

フィン、レイ、BB-8は、ファースト・オーダーのストームトルーパーに追われる

語注　16 apparently＝どうやら〜らしい／ lead to 〜＝〜へ通じる／ after 〜＝〜を求めて、〜を追跡して　17 thought［ソート］－think（〜と思う）の過去形／ myth［ミス］＝神話、作り話、架空の人

★ 1 の What's your hurry? は、「なんでそんなに急いでいるの？」と理由を尋ねる表現で、Why the hurry? とも言います。

★ 7 の belong to ～は「～に属する、～の所有物である」で、そこから転じて「～の物だ」というニュアンスがあります。The smartphone belongs to me. なら「そのスマホは私のです」という意味です。また、belong to ～には「あるべき所にある、いるべき所にいる」という意味もあります。例えば、This book belongs to our school library.（この本は私たちの学校図書館の本です）、I don't belong here.（私はここにいるべきではない→場違いな感じがする、お呼びじゃないようだ）といったふうに使います。

★ 11 に出てくる with the Resistance の前置詞 with は、with 以下の物や人と「物理的・心理的空間を共有する、共存的な関係を持つ」というニュアンス。ここでは the Resistance という組織と共存している、つまり「組織の一員である」という意味になります。

\ 使ってみよう！/

Poe didn't make it.

ポーは助からなかった。（フィン）

　make it ［メイキッ］は決まり文句で「うまくいく」という意味です。ここから文脈によって「無事にやり遂げる、成功する、出世する、なんとか調整する」といったニュアンスになり、会話でとてもよく使われる表現です。例えば、I made it to the train. なら「電車にうまくいった→間に合った」、I can't make it next Tuesday. なら「来週の火曜日はうまくいかない→都合が悪い」という具合です。

Scene 10 ▶[00:31:20ごろ～]
ジャクーからの脱出①

フィン、レイ、BB-8は、ストームトルーパーの銃撃をかわしながらニーマ・アウトポストの街を駆け抜ける。敵は2機のタイ・ファイターを呼び寄せ、フィンたちを目がけて銃撃。一度は倒れたフィンたちだったが、再び立ち上がって走り出す。しかし、タイ・ファイターは逃げ惑う彼らを執拗に追い回す。

1 Finn: We can't outrun them!
フィン：やつらから逃げ切るのは無理だ！

〈レイは前方に停泊している宇宙船を指さす〉

2 Rey: We might in that quad-jumper!
レイ：あのクアッド＝ジャンパーに乗ればできるかも！

3 Finn: Hey, we need a pilot!
フィン：でも、パイロットがいない！

4 Rey: We've got one!
レイ：1人いるわよ！

5 Finn: You? What about that ship?
フィン：君か？ 〈別の宇宙船を指さして〉あっちの船は？

6 Rey: That one's garbage!
レイ：あんなのポンコツよ！

語注　1 outrun＝～より速く走る　2 might［マイト］＝ひょっとしたら～するかもしれない／quad-jumper＝クアッド＝ジャンパー。サププロ社製の貨物船　5 What about ~?＝～はどうですか？　6 garbage＝こみ、くず　7 do＝間に合う、十分である

タイ・ファイターの攻撃から必死に逃げるレイたち

〈レイ、フィン、BB-8はクアッド＝ジャンパーに向かって走るが、機体はタイ・ファイターの銃撃で破壊されてしまう〉

7 **Rey:** The garbage will do!
レイ：ポンコツでもなんとかなるわ！

〈レイたちは、フィンが指さした宇宙船に向かって走る。その宇宙船はミレニアム・ファルコンだった。一同は宇宙船に乗り込み、レイはコックピットへと急ぐ〉

8 **Rey:** Gunner position's down there!
レイ：砲座は下よ！

〈フィンははしごを伝って階下へ下りる〉

9 **Finn:** Y'ever fly this thing?
フィン：こいつを操縦したことあるの？

〈レイは操縦席に着く〉

る **8** gunner＝砲手／position＝位置、場所　**9** Y'ever＝Have you ever／fly＝〜（飛行機）を操縦する

10 Rey: No! This ship hasn't flown in years!
レイ：ない！　この船は何年も飛んでないの！

〈フィンは砲座に着く〉

11 Finn: Great.
フィン：そいつはいいや。

〈フィンがスイッチを入れると、意に反して砲座が左右に大きく揺れる〉

12 Finn: Whoa! I can do this. I can do this.
フィン：うわっ！　やればできる、やればできる。

13 Rey: I can do this. I can do this.
レイ：やればできる、やればできる。

〈ミレニアム・ファルコンは地面にぶつかりながらも、なんとか離陸する〉

レイたちはミレニアム・ファルコンに乗り込む

語注　10 flown＝fly（飛ぶ）の過去分詞形／in years＝長い年月、長いこと
12 whoa［ウォウ］－（驚いて）おお

★ 1 の outrun は「～より速く走る、～から逃げる」。これは「外に出る、はみ出す」というニュアンスの out と動詞 run がくっついた形です。似たような形の表現に outgrow「～よりも大きくなる、～に収まらなくなる」があります。He outgrew his clothes. なら、「彼は成長して服が入らなくなった」という意味です。

★ 2 の We might in that quad-jumper!（あのクアッド＝ジャンパーに乗ればできるかも！）は、We might <u>outrun them</u> in that quad-jumper! の下線部が省略されています。状況から容易に意味を判断できる上に、このシーンでは敵から逃げようと全力疾走しているため、極力エネルギーを節約し、最小限の言葉数で伝えようとして、こういう形になりました。

★ 10 の hasn't flown は、この船が過去から現在に至るまで、ずっと「飛ぶ」という行為をしていないことを表しています。for years でなく in years を使うと、「何年もの間、<u>一度も飛んでいない</u>」と、ある期間内での回数に注目したニュアンスになります。

＼ 使ってみよう！／
The garbage will do!
ポンコツでもなんとかなるわ！（レイ）

　動詞 do には、いろんな意味があります。ここでは「用をなす、役に立つ」といった意味で使われています。例えば、身分証明書の提示を求められて、「パスポートで大丈夫ですか？」と尋ねたいなら、Will my passport do? で OK です。また、お店で「このクレジットカードは使えますか？」と聞きたいなら、Will this credit card do? と言えます。どちらも、覚えておくと海外旅行で役立つフレーズです。

Scene 11 ▶[00:33:35ごろ〜]
ジャクーからの脱出②

古いポンコツ船であるミレニアム・ファルコンに乗り込んだレイとフィン、そしてBB-8。レイとフィンは、慣れない船の操作に苦労しながらも、なんとか危機を脱しようとする。レイは巧みな操縦でタイ・ファイターの攻撃を避け、フィンは砲座からそれを援護する。

1 Finn: We need cover, quick!
フィン：隠れ場所が必要だ、早く！

2 Rey: We're about to get some! I hope.
レイ：もうすぐ着くわ！〈小声で〉だといいけど。

〈レイは、墜落した宇宙船の墓場となっている場所を、タイ・ファイターの攻撃を避けながら飛ぶ。フィンはタイ・ファイターへの砲撃を続けるが、反対にタイ・ファイターからの砲撃がミレニアム・ファルコンの機体に当たってしまう〉

3 Finn: Damn it!
フィン：くそっ！

〈フィンは再びタイ・ファイターへの砲撃を試みる〉

4 Finn: Come on, come on!
フィン：行け、行け！

〈フィンの砲撃が命中し、タイ・ファイターを1機撃墜する〉

語注 1 cover＝隠れ場所、避難場所　2 about to do＝まさに〜しようとして　3 damn it＝しまった、ちくしょう　4 come on＝さあどうだ、さあ来い　6 pretty＝かなり、とても／good at 〜＝〜がうまい、〜が上手だ　7 cannon＝大砲、キャノン砲

フィンはタイ・ファイターに続き、ミレニアム・ファルコンでも砲手を務めることになる

5 **Rey:** Nice shot!
レイ：ナイスショット！

6 **Finn:** I'm getting pretty good at this.
フィン：俺、結構うまくなってきたぞ。

〈もう1機のタイ・ファイターの砲撃がミレニアム・ファルコンのキャノン砲に当たり、キャノン砲が操作不能になってしまう〉

7 **Finn:** The cannon's stuck in forward position. I can't move it. You gotta lose him!
フィン：キャノン砲が正面で固まった。動かない。逃げ切ってくれ！

〈レイは前方を見据え、ある考えを思いつく〉

8 **Rey:** Get ready!
レイ：準備はいい？

／stuck＝動けなくなる／forward＝前方の／gotta［ガラ］＝got to／lose＝〜（追っ手など）をまく　**8** get ready＝用意をする

スター・ウォーズ／フォースの覚醒　77

9 **Finn:** Okay. For what?
フィン：いいよ。何の準備？

〈レイは、かつて墜落した巨大なスーパー・スター・デストロイヤーの残がいの中に、ミレニアム・ファルコンを進入させる〉

スーパー・スター・デストロイヤーのエンジン・ノズルから船内に入るミレニアム・ファルコンをタイ・ファイターが追う

スーパー・スター・デストロイヤーの船外に出ると、レイは動かなくなったキャノン砲の前に敵機をおびき寄せる

語 注 9 For what? ＝ Get ready for what?（何のための準備？）の略

★ **2** の We're about to get some! は、We're about to get some cover! の下線部が略されたもの。cover は place to hide のことで、つまり「隠れられる場所にもうすぐ着く」ということです。

★ **3** の Damn it!（ちくしょう！）は不快や不満、悔しさなどを表すときに用い、［ダーミッ］のように発音します。damm は動詞で「～をののしる」という意味。家具に足をぶつけたときなどに思わず出てしまう一言ですが、あまり上品な言葉ではないので、使うときには気をつけて。

★ **6** の get good at ～は、「～が得意になる・うまくなる」という意味です。この pretty（なかなか、かなり）は very（とても）と同じで、ここでは「砲撃がかなりうまくなってきた」ということです。

★ **7** の You gotta lose him! は、lose him が［ルーズィム］のようになり、全体で［ユガラルーズィム］と聞こえます。自分で言ってみると、英語のスピードに慣れてきますよ。

＼ 使ってみよう！／
We're about to get some!
もうすぐ着くわ！（レイ）

　be about to do で「まさに～しようとしている」という意味です。about は「～の周り・辺り」という意味なので、「to に続く動作の周辺にいる」つまり「今にも～しようとしている」という、差し迫った状況について言うときに用います。例えば、電話をかけてきた相手に「今まさに、君に電話しようとしてたんだ」と言うなら、I was about to call you. となります。

Scene 12 ▶[00:37:45ごろ〜]
レジスタンスの基地の場所

フィンは、残る1機のタイ・ファイターも見事に撃墜した。ミレニアム・ファルコンはジャクーを脱出し、宇宙空間へ。レイは、船にトラブルが発生したため修理にあたる。そのころ、カイロ・レンは、フィンと「若い女」がBB-8の逃亡を助けたという報告を受け憤っていたが、レイには知るよしもない。

1 Rey: It's the motivator. Grab me a Harris wrench, check in there.
レイ:〈床下から顔を出して〉モチベーターだわ。ハリスレンチをちょうだい、その中を探って。

2 Finn: How bad is it?
フィン:どれくらいマズいの?

3 Rey: If we wanna live, not good.
レイ:生き延びたいなら、だいぶマズいわ。

4 Finn: They're hunting for us now. We've gotta get outta this system!
フィン:やつらは今ごろ、俺たちを探してる。この星系の外に出ないと!

5 Rey: BB-8 said the location of the Resistance base is "need-to-know." If I'm taking you there, I need to know!
レイ:BB-8が言うには、レジスタンスの基地の場所は「関係者以外極秘」だって。もし私があなたたちを連れて行くなら、私は関係者よ!

語 注 1 motivator=モチベーター/ grab 〜 ...=〜に…をさっとつかんで渡す/ wrench=レンチ、スパナ 3 wanna [ワナ] =want to 4 hunt for 〜=〜を探し求める/ gotta [ガラ] =got to / outta [アウタ] =out of。get out of 〜で「〜から

フィンはレイに悟られないように、BB-8からレジスタンスの基地の場所を聞き出そうとする

6 **Finn:** This?
フィン：これ？

〈フィンはレイに工具を投げ渡す。レイはそれを受け取り、床下へ戻る。フィンはレイの目を盗んでBB-8を呼び寄せる〉

7 **Finn:** You gotta tell us where your base is.
フィン：基地の場所を教えてくれ。

〈BB-8はビープ音で応える〉

8 **Finn:** I don't speak that. Alright, between us, I'm not with the Resistance, okay? I'm just trying to get away from the First Order. But you tell us where the base is, I'll get you there first. Deal?
フィン：お前の言葉はわからない。よし、ここだけの話、俺はレジスタンスじゃないんだ、いいな？　ただファースト・オーダーから逃げようとしてるだけだ。でも基地の場所を教えてくれたら、まずお前をそこに送り届ける。いいだろ？

出る、〜から脱出する」／system＝星系　**5** need-to-know＝必要最小限の人にだけ知らせる　**8** between us＝ここだけの話だが／get away from 〜＝〜から逃げる、〜から脱走する／deal＝取引、契約

スター・ウォーズ／フォースの覚醒　81

〈BB-8は首をかしげる〉

9 Finn: Droid, please!
フィン：ドロイド、頼むよ！

10 Rey: Pilex driver, hurry. So, where's your base?
レイ：〈床下から顔を出して〉パイレックス・ドライバーをちょうだい、早く。で、基地はどこ？

11 Finn: Go on, BB-8, tell her.
フィン：ほら、BB-8、教えてやれ。

〈BB-8は迷っている様子を見せる〉

12 Finn: Please.
フィン：〈小声で〉頼むよ。

〈BB-8はビープ音でレイに何かを伝える〉

13 Rey: The Ileenium system?
レイ：イリーニウム星系？

14 Finn: Yeah, the Ileenium system, that's the one. Get us there as fast as you can.
フィン：そう、イリーニウム星系、それだよ。なるべく早くそこへ連れて行ってくれ。

〈レイはフィンから工具を受け取り、床下に戻る。フィンとBB-8は互いに親指を立てるジェスチャーをする〉

親指を立てるフィンに応えるBB-8

語注 11 go on＝さあ、続けてやれ　14 as ～ as ... can＝できるだけ～に　15 drop＝（乗り物から）～を降ろす／you two＝あなたたち2人／bonding tape＝粘着テープ　17 get back to ～＝～に戻る　19 cute 魅力的な　20 none of your

15 Rey: I'll drop you two at Ponemah Terminal. I need the bonding tape, hurry!
レイ：2人ともパニマ・ターミナルで降ろすわ。粘着テープを、早く！

16 Finn: What about you?
フィン：君はどうするの？

17 Rey: I gotta get back to Jakku!
レイ：私はジャクーに戻らないと！

18 Finn: Back to Jak — ?! Why does everyone wanna go back to Jakku?
フィン：ジャクーに戻る──!?　なんでみんなジャクーに戻りたがるんだ？

〈中略／フィンはレイに粘着テープを渡し、レイは床下で修理を続ける〉

19 Finn: Hey. Rey. You're a pilot. You can fly anywhere. Why go back? You got a family? You got a boyfriend? Cute boyfriend?
フィン：なあ。レイ。君はパイロットだ。どこへでも飛んで行ける。戻る理由は？　家族がいるのか？　彼氏がいるとか？　かっこいい彼氏が？

〈レイが床下から顔を出す〉

20 Rey: None of your business, that's why.
レイ：あなたには関係ない、それが理由よ。

レイはフィンに「ジャクーへ戻る」と言う

business＝君の知ったことじゃない

★ **8** の2文目にある between us は、「あなたと私の間」つまり「ここだけの話だよ」と、相手と秘密の話を始めるときの前置きに使われます。Just between you and me. も同じ意味です。ちなみに、相手に「ここだけの話にしておいて、誰にも言わないで」とお願いする際は、Keep it to yourself. が定番フレーズです。

★ **15** の drop は「～を（どこかへ行く途中で）乗り物から降ろす、～を送って行く」という意味です。off をつけて、「drop ＋ 人 ＋ off」の形で使うこともあります。反対は、「pick ＋ 人 ＋ up」で、意味は「～を迎えに行く」。I'll pick you up at the airport.（あなたを空港に迎えに行きます）のように使います。

★ **20** の none of your business は、うるさく詮索してくる人に向かって、「余計なお世話」とピシャッと撃退するときの決まり文句です。［ナノヴュアビズネス］のように、素早く一気に発音するのがコツです。Mind your own business. という言い方もあります。

\使ってみよう!／

Deal?

いいだろ？（フィン）

　deal は、個人同士や会社間などの「取引」を表します。ここでは、フィンとBB-8 の間の「基地の場所を教えてくれたら、まずお前をそこに送り届ける」という取引を指しています。Deal?［語尾を上げる↑］（それでどうだい？）と振られて、その案をのむ場合は Deal.［語尾を下げる↓］（それでいいよ）と答える場合もあります。また、OK, it's a deal.（よし、取引成立だ）という言い方もあります。

Scene13 ▶[00:40:20ごろ〜]
英雄ハン・ソロ

レイとフィンの乗るミレニアム・ファルコンは、突如現れた巨大な貨物船に拿捕されてしまう。ファースト・オーダーに捕まったと思い込んだレイたちは、床下に隠れて敵に反撃しようと備える。しかし、乗り込んできたのは、かつてのミレニアム・ファルコンの所有者ハン・ソロと相棒のチューバッカだった。

1 Han: Chewie . . . we're home.
ハン：チューイ……わが家だ。

〈中略／ハンとチューバッカは、船内を探索する中でレイたちを見つける。ハンはレイに、この船をどこで手に入れたのかと問い詰め、そして「ハン・ソロがミレニアム・ファルコンを取り戻した」と口にする〉

2 Rey: This is the *Millennium Falcon*? You're Han Solo?
レイ：この船ってミレニアム・ファルコンなの？ あなたはハン・ソロ？

3 Han: I used to be.
ハン：昔はな。

〈ハンはその場を離れ、船内を見て回る〉

4 Finn: Han Solo, the Rebellion General?
フィン：ハン・ソロって、反乱軍の将軍？

5 Rey: No, the smuggler.
レイ：いいえ、密輸業者よ。

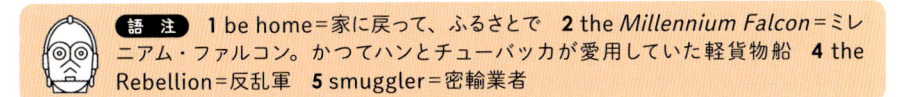

> **語注** 1 be home＝家に戻って、ふるさとで　2 the *Millennium Falcon*＝ミレニアム・ファルコン。かつてハンとチューバッカが愛用していた軽貨物船　4 the Rebellion＝反乱軍　5 smuggler＝密輸業者

ミレニアム・ファルコンに乗り込んできたのは、ハン・ソロとチューバッカだった

6 Finn: Wasn't he a war hero?
フィン：〈チューバッカに向かって〉彼、戦争の英雄だったんだろ？

〈チューバッカがうなり声で応える〉

7 Rey: This is the ship that made the Kessel Run in fourteen parsecs!
レイ：これが、ケッセル・ランを14パーセクで走り抜けた船なのね！

8 Han: Twelve!　Fourteen.
ハン：12パーセクだ！　14とはな。

〈中略／船内を点検するハンは、勝手に改造された個所に気づく。レイは、アンカーがしたことをハンに教える〉

愛船との再会に感慨深そうなハン

語注　7 the Kessel Run＝ケッセル・ラン。麻薬の一種であるスパイスを産出する惑星ケッセルへの航路／parsec＝パーセク。距離の単位（1パーセク＝約3.26光年）
9 throw in ...＝〜を…に投げ込む／'em＝them／pod＝（脱出用）ポッド／

9 Han: Chewie, throw 'em in a pod. We'll drop them at the nearest inhabited planet.
ハン：チューイ、こいつらをポッドに入れろ。ここから一番近い居住惑星に落としてやるんだ。

10 Rey: Wait, no. We need your help!
レイ：そんな、やめて。私たち、あなたの助けが必要なの！

11 Han: My help?
ハン：俺の助け？

12 Rey: This droid has to get to the Resistance base as soon as possible.
レイ：このドロイドを、一刻も早くレジスタンスの基地に送らなきゃならないの。

13 Finn: He's carrying a map to Luke Skywalker. You are the Han Solo that fought with the Rebellion. You knew him.
フィン：ルーク・スカイウォーカーの居場所を示す地図を持ってるんだ。あなたは、反乱軍として戦った、あのハン・ソロなんですよね。彼を知っていたのでは。

14 Han: Yeah, I knew him. I knew Luke.
ハン：ああ、知ってたよ。ルークを知ってた。

レイとフィンはハンに助けを求めるが……

---

inhabited＝人が住んでいる　**12** as soon as possible＝できるだけ早く　**13** fight with ～＝～の一員として戦う。fought［フォート］はfightの過去形

スター・ウォーズ／フォースの覚醒

★ **1** の we're home は「（わが家に）帰って来たぞ、戻って来たぞ」というニュアンスです。I'm home. は、家に帰って来たときの「ただいま」に相当します。家の外から玄関をノックして「誰かいますか？」と尋ねるときは Anybody home? と言います。これは Is there anybody at home? が短くなった表現です。

★ **6** の Wasn't he a war hero? は、be 動詞や助動詞の否定形で始めて「〜じゃなかったんですか？」という意味になる否定疑問文です。この形は、相手に同意を求めたり、意外性や驚きを表現したりするときなどに使います。例えば、Isn't he good-looking?（彼ってハンサムじゃない？）や、Don't you like Ramen?（えっ、[ラーメンって誰もが好きだと思ってたけど] 君ってラーメンが好きじゃないの？）といった具合です。

★ **9** の throw 'em in a pod は、them の th- が発音されず、in a がくっついて［スローエム イナパッ］のように聞こえます。

\ **使ってみよう！** /

I used to be.

昔はな。（ハン・ソロ）

　used to ［ユースットゥ］は、昔を懐かしんで「以前は〜だった、よく〜したものだ」という意味。「今はそうではないけど」という含みを持っています。ここでは I used to be the Han Solo who had the *Millennium Falcon*. の下線部を省略した形で、「自分は昔、ミレニアム・ファルコンを所有していた、あのハン・ソロだった」と伝えています。例えば、昔住んでいた家の前で I used to live here. と言うと、「自分は昔、ここに住んでいた」ということ。なお、used to は昨日や先週など、近い過去については使われません。

Scene14 [00:44:50ごろ〜]
ハンを追うギャングたち

貨物船内に、何か物音が響く。ハンは積み荷の猛獣ラスターが逃げ出したのではないかと危惧するが、それは、彼に貸しがあるグアヴィアン・デス・ギャングが乗り込んできた音だった。ハンはレイとフィンに身を隠させると、彼らとの交渉に臨む。そこへ、別のギャング団カンジクラブまで姿を見せる。

1 Han: Boys. You're both gonna get what I promised! Have I ever not delivered for you before?
ハン：お前たち。どちらにも、約束の金はちゃんと払う！　俺が払わなかったことが今までにあるか？

2 Bala-Tik: Yeah.
バラ＝ティク：ああ。

3 Tasu Leech: Twice!
タス・リーチ：〈字幕〉2度も！

〈チューバッカはうなずく〉

バラ＝ティクとタス・リーチの言葉にとぼけるハン

4 Han: What was the second time?
ハン：2度目は何だっけ？

5 Bala-Tik: Your game is old. There's no one in the galaxy left for you to swindle.
バラ＝ティク：お前のやり方はもう古い。お前にカモられるやつなんて、もう銀河系には残っちゃいないさ。

> **語注** 1 gonna［ガナ］＝going to／deliver＝約束を守る　3 twice＝2度、2回　5 game＝策略、たくらみ／galaxy＝銀河、銀河系／left＝残された。leave（〜を残す）の過去分詞形／swindle＝〜をだます

スター・ウォーズ／フォースの覚醒

ハンに借金の返済を迫るグアヴィアン・デス・ギャング（左）とカンジクラブ（右）

6 **Tasu Leech:** Nowhere left to hide.
タス・リーチ：〈字幕〉逃げ場もないぞ。

7 **Bala-Tik:** That BB unit . . . the First Order is looking for one just like it. And two fugitives.
バラ＝ティク：そのBBユニット……ファースト・オーダーが、ちょうどそんなやつを探してる。それから、2人の逃亡者もな。

〈床下を這って進んでいたレイとフィンは、バラ＝ティクの話を聞いてピタリと動きを止め、顔を見合わせる〉

8 **Han:** First I've heard of it.
ハン：初耳だ。

9 **Razoo Qin-Fee:** Search the freighter.
ラズー・クイン＝フィー：〈字幕〉船内を調べろ。

〈レイとフィンは、引き続き床下を這って進む〉

語注 6 nowhere to do＝～する場所はどこにもない／hide＝身を隠す、潜伏する 7 fugitive［フュージェティヴ］＝逃亡者、脱走者 9 freighter［フレイター］＝貨物船 11 blast door＝防爆扉／corridor＝廊下、通路／trap＝～を閉じ込める／gang

10 **Rey:** Wait wait wait wait wait.
レイ：待って、待って、待って、待って、待って。

〈レイは、防爆扉を制御するヒューズを見つける〉

11 **Rey:** If we close the blast doors in that corridor, we can trap both gangs!
レイ：あの通路の防爆扉を閉めれば、両方のギャングたちを閉じ込められるじゃない！

12 **Finn:** We'll close the blast doors from here?
フィン：防爆扉をここから閉めるの？

13 **Rey:** Resetting the fuses should do it.
レイ：ヒューズをつなぎ直せばできるはずよ。

〈レイが機械を操作すると、誤ってラスターを閉じ込めていた船倉の扉が開いてしまう。ハンは響き渡る物音を耳にする〉

14 **Han:** I got a bad feeling about this.
ハン：嫌な予感がするぜ。

15 **Rey:** Oh, no.
レイ：うわっ、まずい。

ハンは、トラブルが起きたことを察知する

＝悪党の一味、ギャング団　**13** reset＝〜をセットし直す、〜を（再び）継ぎ合わせる／fuse＝ヒューズ

16 **Finn:** "Oh, no," what?
フィン：「まずい」って、何が？

17 **Rey:** Wrong fuses.
レイ：ヒューズを間違えた。

18 **Bala-Tik:** Kill them! And take the droid!
バラ＝ティク：やつらを殺せ！　ドロイドを奪え！

〈ギャングたちはハンを挟み撃ちにしようとするが、そこへ逃げ出したラスターたちが乱入してくる〉

レイは防爆扉を閉めてギャングたちを閉じ込めようとするが……

語注　17 wrong＝間違った　18 take＝〜を力ずくで取る・奪う

★ **5** の Your game is old.（お前のやり方はもう古い）に出てくる game には、「試合」のほか「やり方、策略、駆け引き」といった意味があります。例えば、ビジネスの交渉の場で相手のペースに乗せられそうな後輩を励ます場合、Don't play their game. Play your game!（相手のペースに乗せられるな。自分のやり方で行け！）のように言います。

★ **9** の動詞 search（〜を捜索する）は、「対象となる範囲を調べて、何があるか捜す」というニュアンス。一方、look for 〜（〜を探す）は、探す対象物がはっきりしていて、それを一生懸命探し求めるという意味です。

\ 使ってみよう！/
I got a bad feeling about this.
嫌な予感がするぜ。（ハン・ソロ）

「スター・ウォーズ」シリーズを通しておなじみの決まり文句で、I have a bad feeling about this. と言っても同じ意味です。bad feeling は、状況によっては感情的な「わだかまり、しこり」という意味にもなります。例えば、There are no more bad feelings between us.（もはや私たちの間に、わだかまりはありません）という具合です。

船内を駆け巡る恐怖！

レイがヒューズを誤ってつないだため、ハンが猛獣ラスターを閉じ込めていた船倉の扉が開いてしまう。解き放たれた3匹の猛獣は、巨体に反して素早く移動し、船内の人間たちに次々と襲いかかっていく。

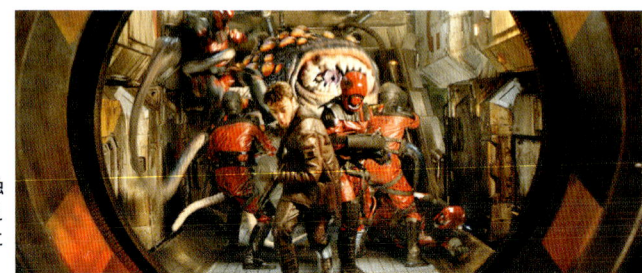

ラスターは長い触手で獲物を捕らえると、大きな口に放り込んでいく

1匹のラスターにフィンが捕まってしまう

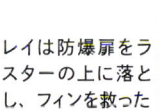

レイは防爆扉をラスターの上に落とし、フィンを救った

語り継がれるハンの記録

　自分が乗っていた船が、ハン・ソロが所有していたミレニアム・ファルコンだと知ったレイは、p. 86で「これが、ケッセル・ランを14パーセクで走り抜けた船なのね！」と言う。これは、エピソード4でハン・ソロがオビ＝ワン・ケノービに、パイロットとしての自分の腕を売り込むときに言った「ケッセル航路を12パーセクもしないで走り抜けたんだぜ」というせりふが元になっている。ケッセル航路とは、スパイス（麻薬の一種）を産出する惑星ケッセルに向かうルートで、1パーセクは約3,261,563,777光年。この航路には難所があり、パイロットの技量次第では航行距離が大きく変わるとされている。ハンの記録がレイの世代にまで語り継がれていることがよくわかるシーンだが、レイが言った「14パーセク」は誤り。彼女の発言を耳にしたハンが「12パーセクだ！」と即座に訂正した様子を見ると、彼にとっては今でも自慢の記録のようだ。

EP4でハンは自身の記録を得意気に詰るが、残念ながらオビ＝ワンは知らなかった

ハンのミレニアム・ファルコンに対する愛着

　ミレニアム・ファルコンは、もともとはハンと同じ密輸業者だったランド・カルリジアンの所有する船だった。だがランドは、この船を賭けて行ったカードゲームのサバックでハンに敗北、泣く泣く譲るハメになった。こうしてミレニアム・ファルコンを得たハンは、さまざまな部分を自分好みに改造し、「わが家」同然の愛着を持つようになったのだが、エンドアの戦い後、何らかの形で手放すことになってしまったようだ。その後、ミレニアム・ファルコンは惑星ジャクーのアンカー・プラットの手に渡り、レイいわく何年も放置された状態だった。しかし、ハンはこの船をあきらめきれず、船体から発せられるビーコンを追跡。レイたちがジャクーからの脱出にミレニアム・ファルコンを使ったことで、ようやく「帰宅」を果たすことになった。

ホスの戦いが起きたころのハンとチューバッカは、あちこちにガタがきた船体の修理に追われていた（EP5）

スター・ウォーズ／フォースの覚醒

Scene 15 ▶[00:48:25ごろ～]
ファルコンを飛ばせ

ハンを襲おうとしたギャングたちは、次々とラスターのえじきになっていった。フィンもラスターに捕まってしまうが、レイの助けにより辛くも難を逃れる。チューバッカはギャングに銃撃されて負傷。混乱が続く中、ハンたち一行はミレニアム・ファルコンに乗り込んで脱出を試みる。コックピットに入っていくレイに、ハンが声をかける。

1 Han: Hey, where are you going?
ハン：おい、どこへ行く？

2 Rey: Unkar Plutt installed a fuel pump, too. If we don't prime that, we're not going anywhere.
レイ：アンカー・プラットが燃料ポンプも取り付けたの。起動用の注入をしないと飛べないわ。

3 Han: I hate that guy.
ハン：あの野郎。

4 Rey: And you could use a co-pilot.
レイ：それに、副操縦士が必要でしょ。

5 Han: I got one, he's back there.
ハン：〈チューバッカを指して〉1人いるさ、後ろにな。

〈チューバッカはうなり声を上げる〉

語注 2 install =～を取り付ける／ fuel pump =燃料ポンプ／ prime =～（ポンプ）に呼び水をする、～に燃料を注入する 4 could use ～を必要とする／ co-pilot =副操縦士 6 thrust［スラスト］=（ジェット機などの）推進力／ goin' = going ／

ミレニアム・ファルコンを発進させようとするハンたちの前に、ラスターが迫る

6 **Han:** Watch the thrust. We're goin' out of here at lightspeed.
ハン：スラストを見ておけ。光速でここを出るぞ。

7 **Rey:** From inside the hangar? Is that even possible?
レイ：格納庫の中から？　それって可能なの？

8 **Han:** I never ask that question until after I've done it.
ハン：俺は、やる前からそんな質問はしない。

〈1匹のラスターがミレニアム・ファルコンのフロントガラスに飛び乗り、レイは悲鳴を上げる〉

9 **Han:** This is not how I thought this day was gonna go. Angle the shield. Hang on back there!
ハン：こんな日になるとはな。シールドを張れ。後ろも踏ん張ってろよ！

---

lightspeed＝光速　**7** hangar＝（飛行機の）格納庫　**9** thought［ソート］＝think（〜と思う）の過去形／gonna［ガナ］＝going to／angle＝〜を（ある角度に）曲げる・動かす・置く／shield＝シールド、防御物／hang on＝踏ん張る

〈後方では、負傷したチューバッカをフィンが手当てする〉

10 Finn: No problem!
フィン：大丈夫です！

〈追って来たギャングたちが、ミレニアム・ファルコンを銃撃する。ハンはファルコンを出発させようとするが、機体は思うように動かない〉

11 Han: Come on, baby, don't let me down!
ハン：頼むよ、がっかりさせないでくれ！

〈戸惑うハンに、レイはあるスイッチを指さして教える〉

12 Han: What?
ハン：何だ？

13 Rey: Compressor.
レイ：コンプレッサーよ。

〈ハンがレイの指さしたスイッチを入れると、ファルコンは一気にハイパースペースへと飛び出す〉

レイは、ハンの手を離れた後にミレニアム・ファルコンが改造された部分を知っていた

語注　13 compressor＝コンプレッリー、圧縮機

★ 「見る」には、**6** に出てくる watch のほか、see と look があります。watch は「しばらくの間、動きがあるものをじっと見る」、see は「意識しなくとも自然に目に入る」、look は「意識的に視線を向ける」というときに使います。

★ **7** に出てくる Is that even possible? の even は、後ろに続く possible を強調して「そんなことって可能なの、本当にそんなことできるの？」と強く疑うニュアンスになります。

★ **9** の hang on は、「つかまったままでいる」という意味で、状況によって「しっかりつかまってろ！」「踏ん張れ！」「そのまま頑張れ！」といったニュアンスになります。また、会話では「ちょっと待って」（= Wait a second.) という意味でもよく使われます。

＼使ってみよう！／

Don't let me down!

がっかりさせないでくれ！（ハン・ソロ）

　このフレーズは、ビートルズの曲名にもなっています。「let ＋人＋ down」の直訳は「〜を下に向かせる」。人は落ち込むと、うなだれて下向きになることから転じて、「人をがっかりさせる」といった意味で使います。例えば、期待をかけてくれている相手に「大丈夫、がっかりさせないから（私を信じて）」と言うときは、I won't let you down. が定番フレーズです。

Scene 16 ▶[00:49:30ごろ〜]
最高指導者からの指令

ギャングを率いるバラ＝ティクは、BB-8がハン・ソロと共に脱出したことをファースト・オーダーに報告する。一方、スターキラー基地では、ハックス将軍とカイロ・レンが、最高指導者スノークに呼ばれていた。

1 Snoke: The droid will soon be delivered to the Resistance, leading them to the last Jedi. If Skywalker returns, the new Jedi will rise.

スノーク：ドロイドはもうすぐレジスタンスに送り届けられ、やつらをジェダイの生き残りへと導くであろう。もしスカイウォーカーが戻れば、新たなジェダイが立ち上がる。

2 General Hux: Supreme Leader, I take full responsibility —

ハックス将軍：最高指導者、私が全責任を負って──

3 Snoke: General! Our strategy must now change.

スノーク：将軍よ！　われわれは戦略を変えねばならぬ。

4 General Hux: The weapon. It is ready. I believe the time has come to use it.

ハックス将軍：例の兵器。準備は整っています。あれを使うべき時が来ました。

語注 1 deliver＝〜を届ける／lead 〜 to ...＝〜を…に導く／rise＝立ち上がる
2 Supreme Leader＝最高指導者／responsibility＝責任　3 strategy＝戦略、作戦
4 weapon＝武器、兵器　5 destroy＝〜を滅ぼす、〜を全滅させる／government

ハックスはスノークに秘密兵器の使用を進言する

5 **General Hux:** We shall destroy the government that supports the Resistance, the Republic.
ハックス将軍：レジスタンスを支持する国家、共和国を壊滅させるのです。

6 **General Hux:** Without their friends to protect them, the Resistance will be vulnerable, and we will stop them before they reach Skywalker.
ハックス将軍：守ってくれる仲間がいなくなれば、レジスタンスは弱体化し、やつらがスカイウォーカーに行き着く前に制止できるでしょう。

7 **Snoke:** Go. Oversee preparations.
スノーク：行け。準備を監督するのだ。

8 **General Hux:** Yes, Supreme Leader.
ハックス将軍：はい、最高指導者。

〈ハックス将軍はカイロ・レンをにらみつけ、部屋を出る〉

＝政府、内閣／the Republic＝共和国　**6** vulnerable［ヴァルネラボゥ］＝（攻撃に）弱い／reach＝〜に届く　**7** oversee＝〜を監督する／preparation＝準備

スター・ウォーズ／フォースの覚醒

9 **Snoke:** There's been an awakening. Have you felt it?
スノーク：覚醒が始まっている。お前も感じたか？

10 **Kylo Ren:** Yes.
カイロ・レン：はい。

11 **Snoke:** There's something more. The droid we seek is aboard the *Millennium Falcon*. In the hands of your father, Han Solo.
スノーク：それだけではない。われわれの追うドロイドはミレニアム・ファルコンに乗っている。お前の父親、ハン・ソロと共に。

12 **Kylo Ren:** He means nothing to me.
カイロ・レン：あの男は、私には関係ありません。

13 **Snoke:** Even you, master of the Knights of Ren, have never faced such a test.
スノーク：レン騎士団のマスターであるお前でも、これほどの試練に直面したことはないだろう。

14 **Kylo Ren:** By the grace of your training, I will not be seduced.
カイロ・レン：あなたに鍛えられ、私は惑わされません。

15 **Snoke:** We shall see. We shall see.
スノーク：どうかな。見守るとしよう。

語注 9 awakening＝目覚め　11 seek＝〜を探す／aboard 〜＝〜（船など）に乗って　12 mean 〜 to ...＝…にとって〜という重要性を持つ　13 face＝〜に直面する　14 by (the) grace of 〜＝〜の恵みにより／seduce＝〜を誘惑する

★ 1 の … the Resistance, leading them to … は、… the Resistance, and the droid will be leading them to … の下線部が省略された形です。後者のように省略しない形だと「〜する。そして……」のように 2 つの文が and で結ばれるため、切れ目が意識され、ぶつ切り感が出ます。一方、前者のように省略された形にすると、「〜すると、……になる」のように、ゆるやかに 2 つの状況がつながっているような滑らかさが生まれ、洗練されたニュアンスが出ます。この「…, 〜 ing」でつなぐ形は、新聞やニュース、小説などでもよく用いられています。

★ 15 の We shall see. に出てくる shall は、未来の予測を表す言い方で、古風で権威的な響きがあります。このシーンからも、それが感じ取れます。なお、shall は現代の英語では、法律・契約文においてや、申し出を表す Shall I <we> 〜？（〜しましょうか？）以外は、ほとんど使われることはありません。

\ 使ってみよう！ /

He means nothing to me.

あの男は、私には関係ありません。（カイロ・レン）

　直訳すると「彼は私にとって何の意味もない」。そこから転じて、「彼は私には関係ありません、私はそんなことでは動じません」というニュアンスです。mean（意味する）を使った定番表現はいろいろあります。相手の話にうなずきながら I know what you mean. と言うと「あなたの言ってること、よくわかります」、相手の失礼な発言にカッとして What do you mean by that? と言うと「それって、いったいどういうこと？」という意味になります。

Scene 17 ▶[00:52:20ごろ〜]
ルークが消えた理由

光速でハイパースペースを進むミレニアム・ファルコン。調子の悪い機体を修理しながら飛ぶ中で、ハンはレイの操縦技術と知識に感心させられる。一方、フィンはケガに苦しむチューバッカを必死で手当てし、ハンに感謝される。一同は少しずつ交流を深めつつあった。

1 Han: So, fugitives, huh?
ハン：で、逃亡者ってわけだな？

2 Rey: The First Order wants the map. Finn is with the Resistance. I'm just a scavenger.
レイ：ファースト・オーダーは地図を欲しがってるの。フィンはレジスタンスの一員。私はただのスカベンジャーよ。

3 Han: Let's see what you got.
ハン：〈BB-8に向かって〉お前が持ってるものを見てみよう。

4 Rey: Go ahead.
レイ：見せてあげて。

〈BB-8は、地図のホログラムを映し出す〉

5 Han: This map's not complete. It's just a piece. Ever since Luke disappeared, people have been looking for him.
ハン：この地図は完全じゃない。部分図に過ぎないな。ルークが姿を消してからというもの、皆が彼を探し回ってる。

語注 1 fugitive［フュージェティヴ］＝逃亡者、脱走者 2 scavenger［スカヴィンジャー］＝廃品の中をあさる人、廃品回収業者 3 see＝〜を確かめる、〜を調べる 4 Go ahead.＝（行動を促して）さあどうぞ。 5 ever since 〜＝〜以来ずっと

ハンはレイたちに、ルークについて話して聞かせる

6 Rey: Why did he leave?
レイ：彼はどうして去ったの？

7 Han: He was training a new generation of Jedi. One boy, an apprentice, turned against him, destroyed it all. Luke felt responsible. He just walked away from everything.
ハン：ルークは、新しい世代のジェダイに修行をさせていた。ある少年、ルークの弟子が彼に背いて、何もかもを壊した。ルークは自分を責めた。全てを捨てて姿を消したんだ。

8 Finn: Do you know what happened to him?
フィン：彼はどうなったんです？

9 Han: A lot of rumors. Stories. The people who knew him best think he went looking for the first Jedi temple.
ハン：いろんなうわさを聞いた。作り話も。ルークをよく知る人たちは、彼が最初のジェダイ寺院を探しに行ったと考えてるよ。

---

7 apprentice［アプレンティス］＝見習い、徒弟／turn against 〜＝〜に背く／responsible ＝責任を負うべき／walk away from 〜＝〜から立ち去る、〜に背を向ける　**9** rumor＝うわさ／Jedi temple＝ジェダイ寺院

スター・ウォーズ／フォースの覚醒　105

10 Rey: The Jedi were real?
レイ：ジェダイって実在したのね？

11 Han: I used to wonder about that myself. Thought it was a bunch of mumbo-jumbo. A magical power holding together good and evil, the dark side and the light.
ハン：俺も、昔は半信半疑だった。全部でたらめだと思ってたよ。不思議な力が善と悪、闇と光をつかさどってるなんて。

12 Han: Crazy thing is, it's true. The Force. The Jedi. All of it. It's all true.
ハン：信じがたいことに、本当なのさ。フォースも。ジェダイも。何もかも。全部本当だ。

〈BB-8はホログラムを消す。チューバッカは、ハンにうなり声で何かを伝える〉

13 Han: No, you rest. You want my help? You're getting it. Gonna see an old friend. She'll get your droid home. This is our stop.
ハン：〈チューバッカに向かって〉いや、お前は休んでな。〈レイとフィンに向かって〉俺の助けが必要だって？　助けてやる。これから古い友人に会いに行く。彼女が君たちのドロイドを家まで送ってくれるさ。降りるぞ。

ミレニアム・ファルコンは、ある惑星に向かって行く

語注 11 a bunch of 〜＝たくさんの〜／mumbo-jumbo＝わけのわからない言葉・考え／hold together 〜＝〜を一緒にまとめる／evil＝悪／the light＝the light side（ライトサイド）。フォースの一側面　13 stop＝立ち寄り場所

★ **3** の Let's see what you got. の what you got は、［ワッチャ ガッ］のように発音されます。

★ **7** の turned against him の前置詞 against が持つイメージは「対立」です。against the plan なら「計画に反対して」、against the law なら「法律に違反して」という意味になり、いずれも対象に反発している感じです。賛成・反対を問うときの定番フレーズ Are you for or against it?（それに賛成ですか、反対ですか？）の against も同じ感覚です。

★ **12** の Crazy thing is,（信じがたいことに）は The thing is,（私が言いたいのは、要するに）の the が crazy に変わった形で、ここでは it's true（本当なのさ）の前置きとして使われています。The thing is, は語調を整えたり、言葉を探したりしているときに「つまりその、どういうことかと言うと、実は」のように、間を埋めるためによく用いられるフレーズです。

＼ 使ってみよう！ ／

Go ahead.

見せてあげて。（レイ）

「さあ、やって」と相手に行動を促すときに使うフレーズです。ほかに、例えば誰かと同時にエレベーターに乗ろうとして、「お先にどうぞ」と相手に譲るときにもよく使われます。この場合、After you. や You go first. と言っても同じ意味です。Go ahead. が最も一般的で、After you. は品があって丁寧なニュアンス。You go first. は親しい間柄で使いましょう。言い方次第では、少し「上から目線」な感じがするからです。

小 道具にもこだわりが！

　今回のミレニアム・ファルコンの船内が公開された際、昔のセットが忠実に再現されていることに誰もが驚かされたが、船内にあった小道具にも手抜かりがない。エピソード4でルークがオビ＝ワンからライトセーバーの訓練を受けた際に使ったトレーニング・リモートや耐熱バイザー付きのヘルメット、さらにエピソード5のスペース・スラッグ内でハン・ソロとレイア、チューバッカが使用したガス・マスク……。中でもすごいのが、エピソード4でチューバッカとドロイドたちが対戦していた「デジャリック・ホロチェス」だ。フィンが誤って起動させ、一瞬だけモンスターたちの立体駒が映るのだが、この場面、エピソード4で同シーンをストップモーション・アニメで制作したスタッフたちが、当時と同じ手法で作り上げたのだ。現在ならCGで簡単に再現できるのに、モンスターの駒までオリジナル・プロップ（小道具）を元に作り直したというから驚きだ。

耐熱バイザー付きのヘルメットをかぶり、トレーニング・リモートを相手にライトセーバーの訓練を行うルーク（EP4）

デジャリック・ホロチェスに興じるチューバッカたち（EP4）

カ イロ・レンの生い立ちとは？

　カイロ・レンはハン・ソロとレイア・オーガナの息子で、本名はベン（姓は、どちらの親のものを名乗っているのか不明）。強いフォースに恵まれ、ジェダイ・マスターであるおじのルーク・スカイウォーカーからジェダイになるための訓練を受けていた。だが、ファースト・オーダーの最高指導者スノークに誘惑されてダークサイドに転向。レン騎士団に加わるとカイロ・レンを名乗るようになり、ジェダイ・オーダーを再興させようとしていたルークを妨害した。その後、彼はファースト・オーダーの指揮官としてレジスタンスと戦う一方、ジェダイを根絶やしにするためにルークの行方を追うようになった。ちなみに、ハン役のハリソン・フォードの実子の名前もベンである。

それぞれの思惑

レイたちから「ルークの居場所を示す地図」を見せられたハンは、彼らを助けてくれる友人がいるという惑星タコダナへ向かう。そのころ、カイロ・レンはある行動をとっていた。

タコダナに着くと、ハンはレイにブラスターを与える

ハンは、レイたちを旧友のマズ・カナタに引き合わせる

カイロ・レンは、光の誘惑を感じたことを亡き祖父であるダース・ベイダーのマスクに謝罪し、ベイダーが始めたことを自分の手で終わらせると誓う

Scene 18 ▶[00:59:45ごろ〜]
マズ・カナタのもとへ

ミレニアム・ファルコンが降り立った惑星は、豊かな緑と水に恵まれたタコダナだった。その美しい景観に感動するレイ。そんな彼女に、ハンは二等航海士として働かないかと持ちかける。レイはこの申し出に喜びつつも、ジャクーに戻らなければならないと断ってしまう。一行は、ハンの旧友のマズ・カナタが経営する酒場へ。だが店内に入るやいなや、客にまぎれていたファースト・オーダー、レジスタンス双方の関係者に気づかれる。

1 Maz: A map to Skywalker himself? You're right back in the mess.
マズ：スカイウォーカーの居場所を示す地図だって？　また厄介事に逆戻りだね。

2 Han: Maz, I need you to get this droid to Leia.
ハン：マズ、このドロイドをレイアのところに届けてほしいんだ。

3 Maz: Hmm. No. You've been running away from this fight for too long. Han, *nyakee nago wadda*. Go home.
マズ：うーん。ダメだね。あんたはこの戦いをずっと避けてきた。ハン、nyakee nago wadda。自分で行きな。

4 Han: Leia doesn't wanna see me.
ハン：レイアは俺に会いたくないさ。

5 Finn: Please, we came here for your help.
フィン：お願いです、あなたの助けを求めてここへ来たんだ。

語注 1 right＝すっかり、完全に／mess＝面倒な事態　3 run away from 〜＝〜から逃げる　7 age＝時代、時期。through the agesで「さまざまな時代を通じて、大昔から」／form＝形態、種類／the Sith＝シス　8 spread＝広がる／galaxy＝銀

マズ・カナタは、暗黒面と向き合わなくてはならないと説く

6
Rey: What fight?
レイ：戦いって？

7
Maz: The only fight. Against the dark side. Through the ages, I've seen evil take many forms. The Sith. The Empire. Today, it is the First Order.
マズ：戦いとは一つ。暗黒面との戦いさ。私は遠い昔から、悪がさまざまな形ではびこるのを見てきた。シス。帝国。今はファースト・オーダーがそれだ。

8
Maz: Their shadow is spreading across the galaxy. We must face them. Fight them. All of us.
マズ：やつらの影が、銀河を覆いつつある。やつらと向き合わなければ。戦うんだ。みんなで。

河、銀河系／face=〜に立ち向かう

スター・ウォーズ／フォースの覚醒

9 **Finn:** There is no fight against the First Order. Not one we can win. Look around. There's no chance we haven't been recognized already. I bet you the First Order is on their way right —
フィン：ファースト・オーダーと戦うなんてあり得ない。勝てるわけがないさ。周りを見てみろよ。俺たちの正体がバレてない可能性なんてない。きっともうファースト・オーダーがここへ向かって──

〈マズは突然、ゴーグルのレンズを回し始める〉

10 **Finn:** What's this? What are you doing?
フィン：なんだよ？　何してるんだ？

〈マズはテーブルの上に身を乗り出し、フィンに顔を近づける〉

11 **Finn:** Solo, what is she doing?
フィン：ソロ、彼女は何をしてるんです？

12 **Han:** I don't know, but it ain't good.
ハン：わからんが、いいことじゃなさそうだ。

13 **Maz:** If you live long enough, you see the same eyes in different people. I'm looking at the eyes of a man who wants to run.
マズ：長生きすると、人は違っても同じ目をしてるのに出会うことがあるのさ。今、私の目の前にあるのは、逃げ出したいと思っている男の目だ。

語注 9 recognize＝〜をそれと気づく／I bet you ･〜＝きっと〜だ／on one's way＝途中で　12 ain't［エイント］＝isn't　13 run＝逃げる、逃亡する　14 not〜a thing＝何一つ〜ない、ちっとも〜ない／slaughter［スローター］ －〜･を虐殺する

14 Finn: You don't know a thing about me. Where I'm from. What I've seen. You don't know the First Order like I do. They'll slaughter us. We all need to run.
フィン：あんた、俺のことなんかこれっぽっちも知らないだろう。どこの生まれか。何を見てきたか。ファースト・オーダーのことも、俺ほどよく知らない。やつらは俺たちを皆殺しにする。俺たちはみんな、逃げなきゃいけないんだ。

〈マズは元のいすに戻り、店内にいるならず者たちを指さす〉

15 Maz: You see those two? They'll trade work for transportation to the Outer Rim. There, you can disappear.
マズ：あの2人が見えるだろ？　やつらはお前が働く代わりにアウター・リムまで乗せてってくれるさ。それで、お前は姿を消せる。

16 Rey: Finn!
レイ：フィン！

17 Finn: Come with me.
フィン：君も一緒に来て。

ゴーグルのレンズを回し、フィンの顔をじっと見つめるマズ

15 trade 〜 for ...＝〜を…と交換する／transportation＝輸送、運送／the Outer Rim＝アウター・リム、外縁領域。既知の銀河の最遠部にあたる領域

18 **Rey:** What about BB-8? We're not done yet. We have to get him back to your base.
レイ：BB-8はどうするの？　まだ終わっちゃいないのよ。彼を基地に送らないと。

〈BB-8はビープ音で何かを言う〉

19 **Finn:** I can't.
フィン：できない。

〈フィンは立ち上がり、ハンから借りた銃を彼に返そうとする〉

20 **Han:** Keep it, kid.
ハン：持って行きな、坊や。

一緒に逃げようと言うフィン（上）に驚くレイ（下）

語注 18 done＝（仕事などが）済んだ／base＝基地　20 keep＝〜を取っておく／kid＝坊や、君。親しい呼びかけ

★ **3** の You've been running away にある have been 〜ing の形は、「過去から今も継続してやっていて、まだ終わっておらず、今後にも及んでいく」という含みを持っています。ここでは「この戦いを過去からずっと避けてきて、今後もそうするのだろう」というニュアンスがあります。

★ **7** の3文目に出てくる ages は「長年、長期間」という意味で、この意味では通常、複数形で用いられます。久しぶりに再会した相手に I haven't seen you for ages.（本当にお久しぶり）と言ったりします。また、「それは大昔の話だよ」と言うなら That was ages ago. です。いずれも決まり文句としてよく使われます。

★ **14** の1文目の know a thing (or two) は「多少は知っている」という意味です。これが否定語 not と一緒に使われると「何も知らない、基本的なことも知らない」という意味になります。

★ **18** の done は finished と同じ意味です。done は口語で「終わった、終了した」と言うときに頻繁に使われます。

\ **使ってみよう!** /

There's no chance.

可能性なんてない。（フィン）

名詞 chance には「機会、チャンス」のほか「可能性、見込み」という意味もあります。There is a good chance of success. なら「成功する可能性は十分にある」、There is little chance of success. なら「成功する可能性はほとんどない」という意味です。

フィンの正体

フィンの突然の心変わりが信じられないレイは、彼を追いかけて説得を試みる。そんな彼女に対し、フィンは自分がレジスタンスではなく、ファースト・オーダーの兵士だったことを明かす。

フィンは、マズが紹介してくれたキャプテン・イサノたちに、アウター・リムに連れて行ってほしいと頼む

追いかけてきたレイに、一緒に行かないかと再度尋ねるフィン。しかし、彼女にその気がないとわかると、きびすを返した

ぼう然とフィンを見送るレイの耳に、どこからか少女の声が聞こえてくる

レイが見た幻影

不思議な声に導かれて、レイは城の地下室へ向かう。そこにあった木箱を開けると、中には1本のライトセーバーがあった。レイがそれを手に取ると、突然、幻影に襲われる。

吸い寄せられるように、木箱に近づくレイ

ライトセーバーを手にしたレイを、さまざまな幻影が襲う

幻影の中には、泣き叫ぶ幼い少女の姿もあった

Scene 19 ライトセーバーの導き

[01:06:35ごろ〜]

突如現れたさまざまな幻影におびえるレイ。そんな彼女のもとに、マズ・カナタが歩み寄る。マズはレイに優しく接し、レイが手にしたライトセーバーが、ルークの物だったことを語り始める。

1　Rey: What was that?
レイ：今の、何？

〈レイは立ち上がる〉

2　Rey: I shouldn't have gone in there.
レイ：あそこに入るべきじゃなかったわ。

3　Maz: That lightsaber was Luke's. And his father's before him and now, it calls to you.
マズ：あのライトセーバーは、ルークの物だよ。その前はルークの父親の物だった、そして今、お前を呼んでいる。

4　Rey: I have to get back to Jakku.
レイ：私はジャクーに戻らないと。

5　Maz: Han told me.
マズ：ハンに聞いたよ。

〈マズはゴーグルを外し、レイの手を取る。レイはしゃがむ〉

語注　2 shouldn't have done＝〜すべきではなかった　3 lightsaber＝ライトセーバー。ジェダイとシスだけが使いこなせる武器／call to 〜 － 〜に呼びかける　4 get back to 〜＝〜に戻る　5 told＝tell（〜を話す）の過去形　6 dear child ＝

マズは、レイがルークのライトセーバーに呼ばれたと言う

6 **Maz:** Dear child. I see your eyes. You already know the truth. Whomever you're waiting for on Jakku, they're never coming back.
マズ：いとしい子よ。お前の目を見ればわかる。もう、真実を知っているはずだ。お前がジャクーで待つ人は、もう戻らない。

〈レイは涙を流す〉

7 **Maz:** But . . . there's someone who still could.
マズ：でも……戻って来られる人もいる。

8 **Rey:** Luke.
レイ：ルーク。

マズの言葉を聞いて涙を流すレイ

いい子だね、ねえ坊や、ねえお嬢ちゃん。年少者への親愛の情を込めた呼びかけ／ whomever ＝誰を～しようとも

スター・ウォーズ／フォースの覚醒　119

9 **Maz:** The belonging you seek is not behind you. It is ahead. I am no Jedi, but I know the Force. It moves through and surrounds every living thing.
マズ：お前が探している物は、後ろにはない。お前の行く先にあるんだ。私はジェダイではないが、フォースのことは知っている。フォースは全ての生命体を流れ、取り巻く。

10 **Maz:** Close your eyes. Feel it. The light. It's always been there. It will guide you. The saber. Take it.
マズ：目を閉じて。感じなさい。その光を。それはいつもそこにあった。それはお前を導いてくれるだろう。ライトセーバーだ。手に取りなさい。

〈レイは突然、立ち上がる〉

11 **Rey:** I'm never touching that thing again. I don't want any part of this.
レイ：もう、そんな物に触れることはないわ。私はこれに、一切かかわりたくない。

〈レイはマズを置いて立ち去り、城を出て森の中へと走っていく〉

マズはレイにルークのライトセーバーを渡そうとするが、レイは拒む

語注 9 belonging＝所属、帰属物／seek＝〜を探す／surround＝〜を囲む、〜を取り巻く／living thing＝生命体　10 guide＝〜を案内する、〜を指導する／saber＝lightsaber（ライトセーバー）

★**1**の What was that? は、文字どおり「あれは（それは）何だったの？」のほかに、相手の発言が聞きとれなかったときに「今、何て言ったの？（もう一度言って）」という意味でもよく使われます。その場合は、文末を上げて言います。

★**9**の I am no Jedi（私はジェダイではない）のように、強い感情を込めたいときには no が使われます。「私はジェダイなんかじゃない」というニュアンスです。I am not Jedi. と言うと、特別な感情は入らず、客観的に「私はジェダイじゃない」と述べている感じです。

★**11**の I don't want any part of this.（私はこれに、一切かかわりたくない）に出てくる any には、「ある物のどの部分をとってみても」というニュアンスがあります。否定語の not と一緒に使うことで、ここでは「それ（ライトセーバー）の、どの部分も欲しくはない」つまり「これに一切かかわりたくない」という意味になります。

＼使ってみよう！／

I shouldn't have gone in there.

あそこに入るべきじゃなかったわ。（レイ）

「should have ＋動詞の過去分詞形」は、過去を振り返って「～するべきだったのに（実際はしなかった）」と後悔の念を表す表現。否定文にすると「～するべきじゃなかったのに（実際はした）」という意味を表します。日常会話では、I shouldn't have said such a thing to her.（彼女にそんなことを言うんじゃなかった）や、You shouldn't have done that.（そんなことをするべきではなかったのに）などと、よく使う言い回しです。

レ イが幻影の中で聞いた声

レイがスカイウォーカーのライトセーバーに触れて幻影を見た際、彼女は3人のジェダイ……ルーク・スカイウォーカー、オビ＝ワン・ケノービ、ヨーダの声を耳にする。これらは過去の作品から選ばれたせりふなのだが、最後に聞こえるRey? These are your first steps.（レイ？　これがお前の第一歩だ）だけは違う。実はこのせりふのRey?の部分は、旧三部作でオビ＝ワンを演じた故アレック・ギネスがafraidというせりふを発した際の「rai（レイ）」の部分を加工したもので、後半は新三部作でオビ＝ワンを演じたユアン・マクレガーによって新たに録音されたものだ。

アレック・ギネスが演じた老年時のオビ＝ワン（左）と、ユアン・マクレガーが演じた青年時のオビ＝ワン（右）

マ ズ・カナタの酒場に流れる歌声の主は？

ハンたちがマズの酒場に入ったときに聞こえてくる一風変わったボーカル曲は「Jabba Flow」というタイトルで、実際に曲を制作し、歌っているのはShag Kava。実はこのShag Kavaとは、J.J.エイブラムス監督とミュージカル・スターのリン＝マニュエル・ミランダによるユニット名だ。J.J.がミランダの主演作を見に行って楽屋を訪問した際、ミランダが冗談で「エピソード4の酒場で流れていたような曲を作るよ」と言ったところ、J.J.はこの案を採用、2人で曲を作って歌うことになったのだ。

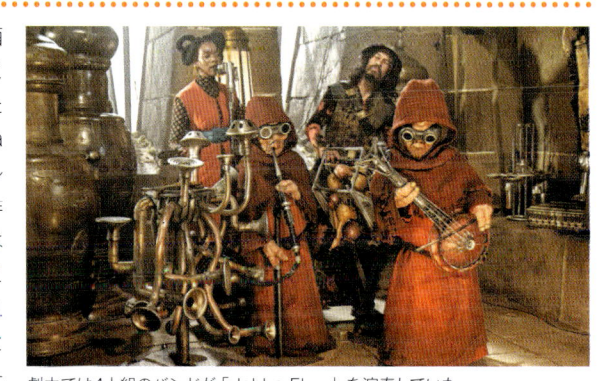

劇中では4人組のバンドが「Jabba Flow」を演奏していた

スカイウォーカーのライトセーバー

　レイに幻影を見せるきっかけとなり、マズ・カナタが彼女に託したライトセーバー。これは、ルークとレイアの父親であり、カイロ・レンの祖父でもあるアナキン・スカイウォーカーがジェダイだったときに作ったものである。しかし彼は、クローン大戦中にシスへ転向、ダース・ベイダーを名乗るようになってしまう。そして、師であるオビ＝ワン・ケノービと対決して敗北。その際オビ＝ワンは、瀕死の状態のアナキンに別れを告げると、ジェダイの魂ともいえる彼のライトセーバーを持ち帰った。それから19年後、このライトセーバーはオビ＝ワンからルークへ、父親の形見として手渡される。ところがその3年後、ルークはベイダーと戦うことになり、ライトセーバーを手にした右手首を切断されてしまった。以後、このライトセーバーは行方不明になっていたのだが、それが今回、なぜかマズ・カナタの城にあったというわけである。

ベイダーがルークの右手首を切断した際、ライトセーバーはクラウド・シティの底へ消えていった（EP5）

30年以上の時を経て、ライトセーバーはレイの手に渡る

スター・ウォーズ／フォースの覚醒

完成した超兵器

ファースト・オーダーの超兵器が完成した。超兵器から放たれたエネルギー弾は、新共和国の元老院がある恒星系を粉々に破壊。一方、カイロ・レン率いる部隊はBB-8を追ってマズの城を強襲する。

ハックス将軍はスターキラー基地で、大勢の将兵を前に超兵器の完成を高らかに宣言する

強烈な威力を持つエネルギー弾は、惑星を一瞬にして破壊する

フィンはマズから受け取ったライトセーバーで敵に応戦するが、多勢に無勢で、やがて仲間たちと共に敵に追い詰められていく

Scene20 ▶[01：17：40ごろ～]
カイロ・レンとの対面

カイロ・レン率いる部隊が、BB-8を追ってタコダナに来襲した。森の中をさまよっていたレイは、何機ものタイ・ファイターがマズの城を爆撃する様子を目撃。レイは、ハンから受け取っていたブラスターでストームトルーパーに応戦しながら森の奥へと進み、BB-8を遠くへ逃がす。フィン、ハンたちは敵軍に捕らわれそうになるが、レジスタンスの戦闘機部隊が到着し、ファースト・オーダーを圧倒する。そして、レイの前にはカイロ・レンが現れる。

1　Kylo Ren: The girl I've heard so much about.
カイロ・レン：さんざん話に聞いた娘だな。

〈カイロ・レンはレイに近づいていく。レイは、カイロ・レンのフォースの力で動きを封じられている〉

2　Kylo Ren: The droid.
カイロ・レン：ドロイド。

〈カイロ・レンは、レイの背後からライトセーバーを突き付ける〉

レイにライトセーバーを突き付けるカイロ・レン

3　Kylo Ren: Where is it?
カイロ・レン：あれはどこにある？

〈マズの城の周辺では、レジスタンスの戦闘機部隊がファースト・オーダーを圧倒している〉

4　Stormtrooper: Request air support!
ストームトルーパー：〈無線機に向かって〉空軍援護を要請！

語注　4 request＝～を要請する／air＝航空の／support＝支援

カイロ・レンは、フォースを使ってレイの頭の中を読もうとする

〈森の中では、カイロ・レンがレイの顔に向けて手をかざしている〉

5 **Kylo Ren:** The map. You've seen it.
カイロ・レン：地図だ。お前も見ただろう。

6 **Stormtrooper:** Sir, Resistance fighters. We need more troops.
ストームトルーパー：閣下、レジスタンスの戦闘機です。増援を。

7 **Kylo Ren:** Pull the division out. Forget the droid. We have what we need.
カイロ・レン：師団を退却させろ。ドロイドはもういい。必要な物は手に入れた。

〈カイロ・レンがレイの頭に手をかざすと、レイはたちまち意識を失って倒れる。カイロ・レンはレイを抱き上げ、連れて行く。一方、マズの城の周辺では、レジスタンスによる攻撃が続いていた〉

語注 6 troop＝兵、軍隊　7 pull ~ out＝~を撤退させる／division＝師団
8 pull back＝後ろに下がる、退く／tree line＝ここでは「森の端」のことで、トループ・トランスポーターが着陸しているほうを指している

8 **Stormtrooper:** Pull back to tree line!
ストームトルーパー：退却せよ！

〈ストームトルーパーたちはトループ・トランスポーターに戻る。カイロ・レンはレイを抱きかかえたまま、自らのシャトルに乗り込む。それを見たフィンはカイロ・レンのシャトルを必死で追う〉

9 **Finn:** No! No, no, no, no! No! Rey!
フィン：ダメだ！　ダメだ、ダメだ、ダメだ、ダメだ！　嫌だ！　レイ！

〈カイロ・レンのシャトルは飛び立ち、レイは連れ去られてしまう〉

レイはカイロ・レンに連れ去られてしまう

★ 1 の I've heard so much about 〜 は、「〜についてはたくさん耳にしたことがある」。ここでは「さんざん話に聞いた」というニュアンスです。I've heard so much<a lot> about you.（おうわさはかねがね聞いております）は、初対面で使えるフレーズです。

★ 7 の2文目に出てくる動詞 forget にはいろいろなニュアンスがあり、ここでは「これ以上はもういい、忘れろ」という意味で使われています。「うっかり忘れる」という意味もあって、I'm sorry I forgot your birthday.（ごめん。君の誕生日をうっかり忘れちゃった）や、Oops! I forgot to bring my umbrella.（しまった！ 傘を持ってくるの忘れた）のように使います。

★ また、Forget it.（そのことは忘れて、水に流して）は会話でよく使われる決まり文句で、[フォゲリッ]のように発音します。例えば、前日の待ち合わせに遅刻した友だちから I'm sorry about last night.（ゆうべはごめんね）と謝られ、「いいから気にしないで（忘れて）」と答えるなら、Oh, just forget it. のように言います。この場合、Don't worry about it.（気にしないで）でも同じ意味です。

\ 使ってみよう！/

We have what we need.

必要な物は手に入れた。（カイロ・レン）

　この what は疑問詞の「何」ではなく、関係代名詞で「〜である物・こと」を表します。what we need で「私たちが必要な物」ということです。例えば、「あなたの言ったことは信じられない」なら I can't believe what you said.、「欲しい物は新車なんです」なら What I want is a new car. と言います。このように、「what＋主語＋動詞」のまとまりは、目的語や主語の位置に置くことができます。

Scene 21 ▶[01:19:55ごろ〜]
ハンとレイアの再会

タコダナでの戦いは終結した。地図を持ったBB-8は無事だったが、レイはカイロ・レンに連れ去られてしまった。フィンは激しく動揺し、その事実をハンに告げる。そんな彼らの前に、レジスタンスのトランスポートが着陸。船から出てきたレジスタンスの中に、ハンが自ら距離を置いていた妻レイアがいた。見つめ合う2人だったが……。

1　C-3PO: Goodness! Han Solo! It is I, C-3PO. You probably don't recognize me because of the red arm.
C-3PO：まあ！　ハン・ソロじゃありませんか！　私です、C-3POです。片腕が赤いから、私とはわからないかもしれませんが。

2　C-3PO: Look who it is! Did you see who . . . .
C-3PO：〈レイアに向かって〉ご覧ください！　どなただと思います……。

〈C-3POは、自分がハンとレイアの邪魔をしていることに気づく〉

3　C-3PO: Oh. Excuse me, Prin — uh, General. Sorry. Come along, BB-8. Quickly.
C-3PO：ああ。失礼、王女――いえ、将軍。すみません。〈BB-8に向かって〉こっちへ来いよ、BB-8。早く。

〈BB-8はビープ音で応える〉

4　C-3PO: Yes, I must get my proper arm reinstalled.
C-3PO：そうだよ、ちゃんとした腕に取り換えてもらわないと。

語注　**1** goodness＝おやまあ、これは驚いた／recognize＝〜をそれと気づく／because of 〜＝〜のために　**3** general＝将軍、将官　**4** proper＝適した、正しい／reinstall＝〜を取り付け直す

ハンはレイアに、自分たちの息子がこの惑星に来ていたことを話す

〈C-3POとBB-8が立ち去り、その場にはハンとレイアが残される〉

5 **Han:** You changed your hair.
ハン：髪型、変えたんだな。

6 **Leia:** Same jacket.
レイア：同じジャケットね。

7 **Han:** No, new jacket.
ハン：違うよ、新しいジャケットだ。

〈チューバッカがレイアに近づく。2人は再会を喜び、抱き合う。チューバッカはレジスタンスの船に乗り込む〉

8 **Han:** I saw him. Leia, I saw our son. He was here.
ハン：あいつを見たよ。レイア、俺たちの息子を見たんだ。やつはここにいた。

> **語 注** 5 change one's hair＝髪型を変える

★2 の Look who it is! は、突然の来訪者などを見て驚きを伝えるときに使うフレーズで、「ねえ、ねえ、誰がいると思う？」といったニュアンス。Look who's here! とも言えます。

★3 の Come along, BB-8.（こっちへ来いよ、BB-8）の along（〜に沿って）は、移動の流れをイメージさせる言葉。ここでは、「自分に寄り添って進め」というニュアンスです。歌手がコンサートで観客によく言う Sing along with me. も、「（歌の流れに乗って）私と一緒に歌ってください」ということです。

★4 に出てくる get my proper arm reinstalled は「ちゃんとした腕に取り換えてもらう」。「get ＋目的語＋動詞の過去分詞形」で、「何かをしてもらう・させる」という使役を表します。例えば、get my hair cut なら「髪を切ってもらう」です（この cut は過去分詞形）。動詞 have でも同じ意味になりますが、くだけた会話では get のほうがよく使われます。

\使ってみよう！/

You probably don't recognize me.
私とはわからないかもしれません。(C-3PO)

　動詞 recognize（〜の見分けがつく、それとわかる）は、「すでに知っている情報に照らして、鮮明でないものをはっきりさせる」というイメージ。このフレーズは、相手が自分のことをよく覚えていないだろうと思ったときに使います。「私の顔、覚えてる？」なら Do you recognize me?、「ごめんなさい、お会いしたときに（見た目から）あなたとはわかりませんでした」なら I'm sorry I didn't recognize you when I saw you. と言います。

Scene 22
生きていた相棒

フィンたち一行はミレニアム・ファルコンに乗り、レジスタンスの基地に到着した。大勢の兵士たちがせわしなく走り回る中、突然、BB-8がある人物のほうに駆け寄って行く。彼の行く先には、黒いXウイングから降りたばかりのポー・ダメロンがいた。実は、タコダナで戦闘機部隊を率いていたのは、彼だったのだ。

1 Finn: Poe?
フィン：ポー？

2 Poe: Oh, no.
ポー：おい、うそだろ。

3 Finn: Poe Dameron. You're alive?
フィン：ポー・ダメロン。生きてたのか？

〈2人は互いに駆け寄り、ハグをする〉

4 Poe: Buddy! So are you!
ポー：相棒！ お前も生きてたんだな！

5 Finn: What happened to you?
フィン：何があったんだ？

BB-8の話を聞き、フィンを驚きの表情で見るポー

語注 3 alive＝生きて 4 buddy＝相棒、親友 6 get thrown＝投げ出される。thrownはthrow（～を投げる）の過去分詞形／crash－衝突、墜落／wake up－起きる、目が覚める。wokeはwakeの過去形 8 complete＝～を完了する／mission

フィンとポーはお互いの生存を喜ぶ

6 Poe: What happened? I got thrown from the crash. I woke up at night. No you, no ship, nothing. BB-8 says that you saved him.
ポー：何があったかって？　墜落で投げ出された。夜に目が覚めた。お前も、船も、何も見当たらなかった。BB-8は、お前が助けてくれたと言ってる。

7 Finn: No, no, no. It wasn't just me.
フィン：いやいや、違う。俺だけの力じゃない。

8 Poe: You completed my mission, Finn . . . . That's my jacket.
ポー：俺の任務をやり遂げてくれたんだな、フィン……。それ、俺のジャケットじゃないか。

9 Finn: Oh, here.
フィン：ああ、ほら。

=任務　**9** here＝ほら

スター・ウォーズ／フォースの覚醒

〈フィンは着ていたジャケットを脱ごうとする〉

10 Poe: No, no, no, no. Keep it. It suits you. You're a good man, Finn.
ポー：いやいや、いいんだ。持ってろよ。似合ってる。お前はいいやつだな、フィン。

11 Finn: Poe, I need your help.
フィン：ポー、力を貸してくれないか。

フィンはポーにジャケットを返そうとするが、ポーはそれを押しとどめる

語注 11 suit＝〜に似合う

★ **4** の So are you!（お前も生きてたんだな！）は、前のフィンのセリフを受けて You are alive, too! とも言えます。「So + be 動詞 + 主語」のように語順を入れ換えることで、「あなたこそ〜だ」という強調を表しています。

★ **6** の I got thrown from the crash.（墜落で投げ出された）に出てくる「get + 動詞の過去分詞形」は、「〜される」という意味です。偶発的な事故による被害や、主語にとって不利益な出来事を表すときによく使います。例えば、I got kicked out of school. なら「学校から追い出された」つまり「退学になった」という意味です。

★ 同じく **6** の save は「〜を救う、〜を救済する」という意味。You saved my life.（君は命の恩人だ）は、もう少しでトラブルに巻き込まれそうだったタイミングで自分を助けてくれた人に、「危なかったよ、ありがとう」という気持ちで言う決まり文句です。これは、You helped me out.（助けてくれてありがとう）を誇張した言い方です。

＼使ってみよう！／

It suits you.
似合ってる。（ポー）

　動詞 suit ［スート］は、「〜によく合う、〜に似合う」という意味で、「主語（物）＋ suit ＋人」の語順で使います。The color<tie/jacket> suits you well. なら、「その色＜ネクタイ／ジャケット＞、あなたにとてもよく似合っているね」ということです。相手を褒めるときに重宝するフレーズで、会話を始めるきっかけにも使えます。

Scene 23 ▶[01:22:15ごろ〜]
レイアに助けを求めて

フィンはレイを救出するため、レジスタンスのリーダーであるレイアに取り次いでもらうようポーに頼む。2人は施設内の指揮室に入り、レイアに声をかける。レイアは、フィンとポーが知り合った経緯やレイの件も、すでに承知しているようだ。

1 Poe: General Organa. I'm sorry to interrupt. This is Finn. He needs to talk to you.
ポー：オーガナ将軍。お邪魔してすみません。彼はフィン。あなたとお話ししたいそうです。

2 Leia: And I need to talk to him. That was incredibly brave, what you did. Renouncing the First Order, saving this man's life.
レイア：ええ、私も彼に話したいことがあるの。〈フィンに向かって〉とても勇敢だったわ、あなたがしたことは。ファースト・オーダーに背いて、ポーの命を救ってくれた。

3 Finn: Thank you, ma'am. But a friend of mine was taken prisoner.
フィン：ありがとうございます、将軍。ただ、友人が捕虜に取られてしまいました。

4 Leia: Han told me about the girl. I'm sorry.
レイア：彼女のことはハンに聞いたわ。残念だったわね。

語注 **1** general=将軍、将官／interrupt=〜を邪魔する、〜を遮る **2** incredibly=信じられないほど／brave=勇敢な／renounce=〜を捨てる、〜との関係を断つ **3** ma'am=目上の女性や女性上官への呼びかけ／prisoner=捕虜

フィンはレイを助けるため、レイアの力を借りようとする

5 Poe: Finn's familiar with the weapon that destroyed the Hosnian system. He worked on the base.

ポー：フィンは、ホズニアン星系を破壊した兵器についてよく知っています。彼はその基地で働いていたんです。

6 Leia: We're desperate for anything you can tell us.

レイア：〈フィンに向かって〉知っていることは何でも教えてほしいわ。

7 Finn: That's where my friend was taken. I've got to get there fast.

フィン：友人はその基地へ連れ去られました。僕は、すぐにそこへ行かなくては。

---

take 〜 prisonerで「〜を捕虜にする」　**4** sorry＝残念で　**5** familiar with 〜＝〜をよく知って／ system＝星系／ base＝基地　**6** be desperate for 〜＝〜をどうしても必要としている　**7** have got to do＝have to do（〜しなければならない）と同じ意味／ fast＝すぐに

スター・ウォーズ／フォースの覚醒　137

Leia: And I will do everything I can to help, but first you need to tell us all you know.

レイア：私にできることは何でもするわ、でも、まずは私たちに、あなたの知っていることを全部教えてちょうだい。

レイアたちはBB-8の持つ地図を投影してみるが、それは不完全なものだった

BB-8は指揮室の隅で布をかけられていたR2-D2に呼びかけるが、R2-D2はまったく反応しない

語注 8 first＝第一に、最初に

★ **3** の ma'am［マーム］は madam の省略形で、既婚・未婚に関係なく、女性に対して丁寧に呼びかけるときに使います。日常会話では、サービス業に従事する人がお客に対してよく使います。

★ **3** の２文目に出てくる a friend of mine（僕の友人）を見てみましょう。「私の友人」を表す英語には my friend と a friend of mine があります。前者は my と限定しており、「あなたの」でも「彼の」でもなく、「私の」と特定したいときに使います。そのぶん、親密度が強く感じられます。the friend と同義で、すでに話題に出たか、そうでなくても誰を指しているのか聞き手がわかるような状況で使います。

★ 一方、a friend of mine は「何人かいる友人の一人」というニュアンス。通例、誰を指しているのかは、聞き手にはわからない状況で使います。ここではフィンは、レイアがレイのことを知らないと思っていたので、a friend of mine と言っているのです。ちなみに、friend という語は愛犬など動物に対しても用いることができます。

\ 使ってみよう！/

I'm sorry to interrupt.

お邪魔してすみません。（ポー）

（I'm）sorry to interrupt（you）.は、相手の話を中断したり、相手が何かしている最中に話しかけたりするときに使う決まり文句です。誰が誰に対して話しかけているか、状況から容易に判断できるので、I'm と you が省略されることもよくあります。interrupt は［インタラプt］のように発音します。また、I'm sorry to bother you. も同じ意味の決まり文句です。

Scene 24 ▶[01:24:05ごろ]
息子への思い

ルークの居場所を示す地図が不完全だったことに、失望を隠せないレイア。ハンはそんな彼女に「力になりたい」と言うが、レイアは聞く耳を持とうとしない。だが、ハンはあきらめず、彼女の後を追って話しかけた。

1 Han: Listen to me, will you? I know every time you . . . every time you look at me, you're reminded of him.

ハン：聞いてくれないか？　君が俺を……君が俺を見るたびに、あいつを思い出してしまうのは知ってる。

2 Leia: You think I wanna forget him? I want him back.

レイア：私があの子を忘れたいと思う？　私はあの子を取り戻したいの。

3 Han: There's nothing more we could've done. There's too much Vader in him.

ハン：あれ以上、俺たちにできることはなかった。あいつはベイダーに取り付かれているんだ。

ハンはレイアを追いかけて、自分の気持ちを語り出す

語注　1 be reminded of ～ =～を思い出させられる／ 2 wanna=want to　3 could've=could have ／ Vader=Darth Vader（ダース・ベイダー）　4 train=訓練する／ sent=send（～を送る）の過去形／ lost=lose（～を失う）の過去形　5 deal

レイアはハンに、息子の心には光が残っていると言う

4 **Leia:** That's why I wanted him to train with Luke. I just never should have sent him away. That's when I lost him. That's when I lost you both.
レイア：だからこそ、あの子をルークのもとで修行させたかった。送り出すべきじゃなかったわ。あの時から、あの子を失ってしまった。あの時から、あの子もあなたも失ってしまった。

5 **Han:** We both had to deal with it in our own way. I went back to the only thing I was ever any good at.
ハン：俺たちはお互い、自分なりのやり方で向き合わなきゃならなかったな。俺は、自分の世界に戻ってしまった。

6 **Leia:** We both did.
レイア：私も同じよ。

7 **Han:** We lost our son, forever.
ハン：俺たちは息子を失った、永遠に。

---

with ～＝～を扱う、～に対処する／ in one's own way＝～なりに／ good at ～＝～がうまい、～が上手だ

スター・ウォーズ／フォースの覚醒

Leia: No. It was Snoke. He seduced our son to the dark side. But we can still save him. Me. You.
レイア：違う。スノークのせいよ。あいつがあの子を暗黒面に引きずり込んだ。でも、私たちなら、まだあの子を救えるわ。私と。あなたで。

Han: If Luke couldn't reach him, how could I?
ハン：ルークでさえあいつを説得できなかったのに、どうして俺が？

Leia: Luke is a Jedi . . . you're his father. There's still light in him, I know it.
レイア：ルークはジェダイ……あなたは父親よ。あの子の心には、まだ光がある、私にはわかるの。

Admiral Statura: General, the reconnaissance report on the enemy base is coming.
スタトゥラ提督：将軍、敵基地の偵察報告が来ています。

スタトゥラ提督に呼ばれ、レイアは母親から将軍の顔に戻る

語注　8 seduce ~ to ...＝～を…に誘う　9 reach＝～（人・心など）に届く、～を動かす　11 admiral＝提督／reconnaissance［リカーネサンス］＝偵察、偵察隊

★ **1** の Listen to me, will you?（聞いてくれないか？）に出てくる will you は、ここでは強い依頼を表しています。Will you listen to me? でも同じ意味です。一般的に、Will you ～? は「～するつもりはありますか？」と相手の意思を聞いているので、必ずしも丁寧な表現とはいえません。そこで、Will you please ～? と please をつけて語調を和らげるのが普通です。それでも、まだ丁寧な命令調の感じが残るため、日常会話では Would you like to do ～?、Would you mind doing ～? といった言い方のほうが好まれます。どちらも「～してくださいますか？」というニュアンスです。

★ **9** の how could I? は、ここでは how could I reach him?（どうして俺が説得できるのか）ということ。この how could には「どうして～できようか（そんなことはできないだろうに）」という反語的な意味があります。例えば、How could I forget about her? なら「どうして彼女のことを忘れることができようか（そんなことできないだろうに）」つまり「彼女のことを忘れるはずがない」という意味になります。

\ **使ってみよう！** /

I know it.

私にはわかるの。（レイア）

　この know は「直感的にわかる」という意味。I know it<that>. の形で一つの決まり文句になっていて、know が強く発音されます。過去形の I knew it. なら、「やっぱりそうだと思った」という意味の決まり文句になります。また、before I knew it は「あっと言う間に」という意味で、会話でよく使うフレーズ。The golden week was over before I knew it.（ゴールデンウィークは、あっと言う間に終わっちゃったね）というふうに使います。

カイロ・レンが心酔するダース・ベイダー

　ダース・ベイダーことアナキン・スカイウォーカーは、惑星タトゥイーンで奴隷の子どもとして誕生した。体内でフォースを生み出す微小生命体、ミディ＝クロリアンの数が最強のジェダイの一人といわれるヨーダより多かったことから、ジェダイ・マスターのクワイ＝ガン・ジンによって見出され、「選ばれし者」（ジェダイの伝説にある、フォースにバランスをもたらす者）ではないかと考えられた。

　クワイ＝ガンの死後、アナキンは彼の弟子だったオビ＝ワン・ケノービのもとでジェダイとしての道を歩み出す。だが、元老院議員パルパティーンという仮面をかぶったシス卿、ダース・シディアスに目をつけられ、その成長過程でさまざまな形で影響を受けることになる。やがて強力なジェダイになったアナキンは、ジェダイのおきてに反して、元老院議員のパドメ・アミダラと極秘に結婚。その妻を死から守るためではあるものの、シディアスの誘惑に屈してダークサイドに転向し、ダース・ベイダーを名乗るようになる。その結果、自らパドメを死に追いやってしまった上に、師であるオビ＝ワンとも対決することになる。この戦いで瀕死の重傷を負ったベイダーは、半機械の身体となり、常に装甲服を身に着けていなければならない異形の姿に変貌。全てを失った彼は、帝国皇帝の右腕として、銀河を力と恐怖で支配することにまい進していった。

　その後、パドメが死の間際に双子の子どもを出産しており、その一人であるルークにオビ＝ワンが未来を託したと知ったベイダーは、彼をダークサイドへ誘い込もうとする。だが、目の前でルークが皇帝に殺されそうになったとき、ベイダーの中に残っていたライトサイドの心が動き、ベイダーは身をていして息子の命を救った。このときに負った傷が原因で、ベイダーは死去。その魂はジェダイとして昇華された。

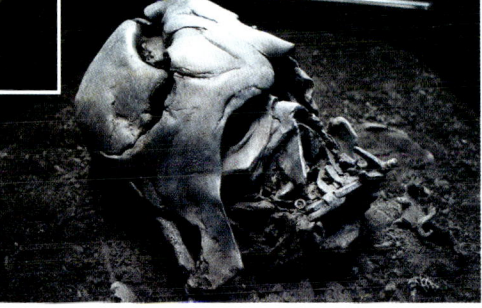

ベイダーの亡きがらは、衛星エンドアでルークによってだびに付された（EP6／上）。そのせいか、カイロ・レンが持つベイダーのマスクとヘルメットは、熱で溶けたようにゆがんでいる（下）

Scene 25 ▶[01:25:45ごろ〜]
互いの頭の中

惑星タコダナからカイロ・レンによって連れ去られたレイは、ファースト・オーダーのスターキラー基地に連行されていた。尋問室で目を覚ましたレイは、自分の身体が拘束されており、目の前にカイロ・レンがいることに気づく。

1 Rey: Where am I?
レイ：ここはどこ？

2 Kylo Ren: You're my guest.
カイロ・レン：お前は客だ。

レイは尋問室で拘束されていた

3 Rey: Where are the others?
レイ：みんなはどこなの？

4 Kylo Ren: You mean the murderers, traitors and thieves you call friends? You'll be relieved to hear I have no idea.
カイロ・レン：お前が友人と呼ぶ、あの殺人者や、裏切り者や、盗っ人たちのことか？　知らんと言えば安心か。

5 Kylo Ren: You still wanna kill me.
カイロ・レン：まだ俺を殺したいか。

6 Rey: That happens when you're being hunted by a creature in a mask.
レイ：マスクをかぶった化け物に捕まったら、そんな気持ちにもなるわ。

> 語注　4 mean＝〜のことを言う／murderer＝殺人者／traitor＝反逆者、裏切り者／thief［シーフ］＝泥棒。複数形はthieves［シーヴズ］／be relieved to do＝〜して安心する　6 hunt＝〜を狩る／creature＝（えたいの知れない）生き物

スター・ウォーズ／フォースの覚醒

カイロ・レンは、レイの頭の中から地図を読み取ろうとする

〈カイロ・レンはゆっくりとマスクを外し、レイに素顔を見せる。カイロ・レンはマスクを置き、素顔のままレイに近寄る〉

7 Kylo Ren: Tell me about the droid.
カイロ・レン：ドロイドについて教えろ。

8 Rey: He's a BB unit with a selenium drive and a thermal hyperscan vindicator —
レイ：あれは、セレン駆動装置とサーマル・ハイパースキャン・ビンジケーターを備えたBBユニットで――

9 Kylo Ren: It's carrying a section of a navigational chart. And we have the rest, recovered from the archives of the Empire, but we need the last piece.
カイロ・レン：やつは地図の一部を持っている。われわれは、帝国の古い記録から復旧させた残りの図面を持っているが、最後の一部が必要だ。

語 注 8 selenium＝セレン、セレニウム／drive＝駆動装置　9 section＝部分／navigational＝航行の／chart＝図、地図／the rest＝残り／recover＝〜を回復する／archive［アーカイヴ］＝公文書、古文書　10 somehow＝なんとかして／

10 Kylo Ren: And somehow you convinced the droid to show it to you. You. A scavenger.
カイロ・レン：お前はなんらかの手段でドロイドを説得し、地図を見た。お前だよ。スカベンジャー。

11 Kylo Ren: You know I can take whatever I want.
カイロ・レン：いいか、俺は欲しいものを全て手に入れる。

〈カイロ・レンはレイの頭の中を調べようと、彼女の頭に手をかざす〉

12 Kylo Ren: You're so lonely. So afraid to leave. At night, desperate to sleep. You imagine an ocean. I see it. I see the island.
カイロ・レン：お前はとても孤独だ。あの星を離れるのが怖い。夜は、眠ろうと必死だ。お前は海を想像する。俺には見える。島が見えるぞ。

13 Kylo Ren: And Han Solo. You feel like he's the father you never had. He would've disappointed you.
カイロ・レン：それから、ハン・ソロも。お前はあの男のことを、自分にはいなかった父親のように感じている。やつは、お前を失望させていたことだろう。

14 Rey: Get out of my head.
レイ：頭の中から出てって。

15 Kylo Ren: I know you've seen the map. It's in there. And now you'll give it to me.
カイロ・レン：お前が地図を見たことはわかっている。お前の頭の中にある。そいつをよこせ。

---

convince ~ to do =～を説得して…させる　**12** be desperate to do =～したくてたまらない　**13** would've＝would have／disappoint ＝ ～を失望させる

スター・ウォーズ／フォースの覚醒

〈カイロ・レンは再び、レイの頭の中にある地図を読み取ろうとする。レイは必死に抵抗する〉

16 Kylo Ren: Don't be afraid. I feel it, too.
カイロ・レン：恐れるな。俺も感じる。

17 Rey: I'm not giving you anything.
レイ：あんたには何も渡さない。

18 Kylo Ren: We'll see.
カイロ・レン：どうかな。

〈カイロ・レンは懸命にレイの頭の中を読み取ろうとする。しかしレイは抵抗し、今度はレイがカイロ・レンの頭の中を読み取ろうとする〉

19 Rey: You. You're afraid. That you will never be as strong as Darth Vader!
レイ：あんた。あんたは恐れてる。自分がダース・ベイダーほどには強くなれないんじゃないかって！

〈カイロ・レンはかざしていた手を振り下ろす〉

レイは、フォースを使ってカイロ・レンの頭の中を読み取る

語注 18 We'll see. ＝いずれわかるだろう。　19 as ～ as ... ＝…と同じほど～

★ **4** の idea は「理解、見当」を表し、I have no idea. で「わからない、心当たりがない」といったニュアンスです。Do you have any idea? は「わかりますか、心当たりはありますか」という意味ですが、idea を複数形にして Do you have any ideas? と言うと「何かいいアイデア（案）はありますか」という意味になります。

★ **13** の He would've disappointed you. は「（もし、あのまま一緒にいたら）やつは、お前を失望させていたことだろう」ということ。この would've は would have の省略形で、「would have ＋動詞の過去分詞形」で「〜しただろうに」と実現しなかった過去について述べる表現です。

★ **14** の Get out of my head. は「私の頭の中から出て行って」ということ。get out of を使った決まり文句に Get out of here. があります。文字どおり「ここから出て行け、あっちへ行け」という意味のほか、スラングで「冗談はやめろよ」や「うそだろう」といった意味でも使われます。

＼使ってみよう！／

We'll see.

どうかな。（カイロ・レン）

　We'll see. は決まり文句で、「後になって結果が見える」つまり「今にわかる、いずれわかる」というニュアンスです。We'll see what happens. と言うこともあります。日常会話では、お願いや依頼に対して、即答できないときや断りたいときに「様子を見よう、また今度ね」といった意味でも使います。例えば「今年の夏休みにハワイに行ける？」と聞かれて、「うーん、ちょっと様子を見ようか」なら Well, we'll see. と言えます。

Scene 26
▶[01:29:05ごろ～]
レジスタンスを壊滅せよ

カイロ・レンはフォースの力でレイの頭の中を読み取ろうとしたが、レイが強いフォースで抵抗したため、地図の情報を引き出すことができなかった。カイロ・レンがそのことを最高指導者スノークに報告すると、スノークは怒りをあらわにする。

1 Snoke: The scavenger, resisted you?
スノーク：あのスカベンジャーが、お前に抵抗したと？

2 Kylo Ren: She's strong with the Force. Untrained, but stronger than she knows.
カイロ・レン：彼女のフォースは強い。訓練されてはいないものの、彼女自身が思うより強いものです。

3 Snoke: And the droid?
スノーク：それで、ドロイドは？

〈カイロ・レンの後方からハックス将軍が入って来る〉

4 General Hux: Ren believed it was no longer valuable to us. That the girl was all we needed.
ハックス将軍：レンは、われわれにとってドロイドはもう価値がないと考えたのです。あの娘さえいればいいと。

〈ハックス将軍はカイロ・レンの横に立つ〉

語注 1 scavenger［スカヴィンジャー］－廃品の中をあさる人、廃品回収業者／resist＝～に抵抗する、～に逆らう 2 untrained＝訓練されていない、練習していない 4 believe＝～だと考える／no longer＝もはや～ない／valuable＝貴重な、価値

BB-8がレジスタンスの手に渡ったと聞かされ、スノークは怒る

5 **General Hux:** As a result, the droid has most likely been returned to the hands of the enemy. They may have the map already.
ハックス将軍：結果的に、ドロイドはおそらく敵の手に渡ってしまったでしょう。やつらはすでに、地図を入手しているかもしれません。

6 **Snoke:** Then the Resistance must be destroyed before they get to Skywalker.
スノーク：ならば、レジスタンスがスカイウォーカーにたどり着く前にやつらを粉砕しろ。

7 **General Hux:** We have their location. We tracked their reconnaissance ship to the Ileenium system.
ハックス将軍：やつらの居場所はわかっています。偵察船の跡はイリーニウム星系に通じていました。

ある **5** as a result＝結果として／most likely＝たぶん、おそらく／enemy＝敵軍、敵兵 **7** location＝位置、場所／track＝〜の足跡を追う／reconnaissance［リカーネサンス］＝偵察、偵察隊／system＝星系

8 Snoke: Good. Then we will crush them once and for all. Prepare the weapon.
スノーク：よかろう。ならば、やつらを徹底的に壊滅させるのだ。兵器を準備しろ。

9 Kylo Ren: Supreme Leader, I can get the map from the girl. I just need your guidance.
カイロ・レン：最高指導者、私なら、あの娘から地図を入手できます。ただ、あなたのお導きをいただきたいのです。

10 Snoke: If what you say about this girl is true, bring her to me.
スノーク：あの娘についてお前の言うことが本当なら、私のもとへ連れて来い。

スノークはカイロ・レンのレイに対する見解に興味を抱く

語注　**8** crush＝～を壊滅させる／once and for all＝きっぱり、これを最後に
9 guidance＝指導、指示

★ **5** に出てくる most likely は実現の可能性が高いときに使われ、probably（たぶん）と同じ意味です。most は likely を強調しています。確率を表す言葉には、probably（たぶん／確率 80% 程度）のほかに、likely（おそらく／確率 70% 程度）、maybe（もしかすると／確率 50% 程度）、possibly（ひょっとしたら／確率 20% 程度）などがあります。思い切ってデートに誘った相手の返事が、Probably.（たぶんね）なら喜んでいいですが、Possibly.（ひょっとしたらね）ならがっかりですね。では、Maybe. なら？ 実に悩ましいです。maybe は五分五分ですから。

★ 助動詞 must はよく出てきます。**6** の the Resistance must be destroyed（レジスタンスを粉砕しろ）の must は「無理にでも〜なければならない」という義務・必要の意味で使われています。must は話し手の主観的な感情を表すので、かなり強い響きがあります。

＼ 使ってみよう！／

We have their location.

やつらの居場所はわかっています。（ハックス将軍）

　このように、英語には have を使った文がとても多いといえます。理由の一つに、英語社会が「何かを持つ、所有する」ことに重きを置く「To Have 社会」であることが挙げられます。一方、日本は「あるがまま、なすがまま」を受け入れる「To Be 社会」であるとされます。例えば、相手に「声がいいね」と英語で言うなら You have a good voice. が普通ですが、日本人は Your voice is good. と表すほうがしっくりきます。文化社会的な側面が言語に反映されている例といえますね。

Scene 27 ▶[01:32:10ごろ〜]
恐るべき新兵器

自分の持つフォースの力に気づいたレイは、その力を使って見張りのストームトルーパーの心を操り、拘束具を解いて逃げ出すことに成功した。それを知ったカイロ・レンは激しく憤る。一方、ハックス将軍は新たに超兵器の充填を開始。そのころレジスタンスは、偵察部隊の報告を受けて、スターキラー基地にある超兵器について分析していた。

1 Poe: The scan data from Snap's reconnaissance flight confirms Finn's report.
ポー:スナップの偵察船から送られたスキャンデータは、フィンの報告を裏付けるものだ。

2 Snap: They've somehow created a hyper-lightspeed weapon built within the planet itself.
スナップ:連中はなんらかの方法で、惑星そのものに組み込んだ超光速兵器を作り上げた。

3 Brance: A laser cannon?
ブランス:レーザーキャノン砲か?

4 Snap: We're not sure how to describe a weapon of this scale.
スナップ:あれほどの規模の兵器を、何と言えばいいのか。

5 Major Ematt: It's another Death Star.
イーマット少佐:新たなデス・スターだな。

語注 1 reconnaissance［リカーネサンス］＝偵察、偵察隊／confirm＝〜が間違いのないことを裏付ける 2 somehow＝なんとかして／hyper-lightspeed＝超光速の／built［ビゥト］＝build［ビゥド］（〜を建てる、〜を作る）の過去分詞形

レジスタンスはスターキラー基地の巨大さに驚く

6 **Poe:** I wish that were the case, Major. This was the Death Star.
ポー：そうならよかったのですが、少佐。これが、かつてのデス・スター。

〈ポーは空中にデス・スターの構造図を映し出す〉

7 **Poe:** And this is Starkiller Base.
ポー：そしてこれが、スターキラー基地です。

〈ポーはスターキラー基地の構造図を映し出す〉

8 **Han:** So, it's big.
ハン：デカいな。

9 **Admiral Ackbar:** How is it possible to power a weapon of that size?
アクバー提督：これほど巨大な兵器に、どうやってエネルギー供給を？

---

4 sure＝確信して／describe＝〜を言葉で言い表す、〜の特徴を述べる／scale＝規模、程度　5 major＝陸軍少佐　6 case＝実情、真相、事実　9 power＝〜に動力を供給する

10 Finn: It uses the power of the sun. As the weapon is charged, the sun is drained until it disappears.
フィン：太陽エネルギーを使うんです。兵器が充填されるにつれて太陽は消耗し、最後は消滅します。

11 Officer: Ma'am.
士官：将軍。

〈士官がレイアにデータカードを渡す〉

12 Leia: The First Order, they're charging the weapon again now. Our system is the next target.
レイア：ファースト・オーダーは、今まさに兵器を充填している。次の標的はこの星よ。

13 C-3PO: Oh, my. Without the Republic fleet, we're doomed.
C-3PO：ああ、なんてこと。共和国の艦隊なしでは、もうおしまいです。

14 Han: Okay, how do we blow it up? There's always a way to do that.
ハン：よし、そいつを爆破するにはどうすれば？　方法は必ずある。

15 Leia: Han's right.
レイア：ハンの言うとおりだわ。

レイアは敵が兵器の充填が終える前に、先制攻撃を仕掛けることを決意する

語注 10 charge＝〜に充電する／drain＝〜を枯渇させる　11 ma'am＝目上の女性や女性上官への呼びかけ　13 oh my＝おやまあ／fleet＝艦隊／doomed「ドゥームド」＝運の尽きた、絶望的な　14 blow 〜 up＝〜を爆破する

★ **6** の This was the Death Star.（これが、かつてのデス・スター）では was が用いられ、過去を表しています。もし This is the Death Star. と言うと、「これが（今ある）デス・スターだ」という意味になってしまいます。このように動詞の形が示す「時」を、時制と言います。英語は、時制にとても敏感な言語です。時制をいい加減に表現すると、大げさですが知性を疑われることもあるので、気をつけましょう。

★ **10** に出てくる As the weapon is charged の as は、文と文をつなぐ接続詞で、「2つの出来事がほぼ同時に生じている」という同時性を含みます。ここでは、「〜するにしたがって」という意味で使われており、「兵器が充填されること」と「太陽が消耗すること」が同時に発生することを示しています。

★ **13** の we are doomed の doomed は形容詞で「運の尽きた、万事終わりの」ということ。好ましくない状況のときに使います。

\ 使ってみよう！/
I wish that were the case.
そうならよかったのですが。（ポー）

　このように I wish の後の動詞を were と過去形にすることで、事実ではないことを述べる仮定法の文になります。直訳すると「あの兵器が新たなデス・スターであるというのが事実ならよかったのに」ということです。また、the case には「事実、実情」という意味があります。日常会話では、例えば Is that the case?（それは本当ですか？）や That is the case.（そうです、そのとおりです）のように使います。

スターキラー基地のモデルになったデス・スター

　かつて帝国軍は、惑星すら一撃で破壊できるスーパーレーザー砲を搭載し、移動も可能な巨大バトル・ステーションを建造した。それがデス・スターである。帝国軍は直径120キロメートルにも及ぶこの究極兵器の存在を知らしめ、その圧倒的な力で銀河を服従させようと考えていたのだ。しかし、デス・スターは完成直後に惑星オルデランを破壊したものの、反乱軍に弱点を攻められて宇宙のちりと化した。

　その後、帝国軍は直径160キロメートルに及ぶ第2デス・スターを建造。完成前に反乱軍をおびき寄せて一網打尽にしようとしたが、帝国軍はこの戦いにも敗れ、第2デス・スターは皇帝と共に爆発してしまった。だがファースト・オーダーは、この兵器を高く評価し、デス・スターの発展形としてスターキラー基地を完成させたのだ。

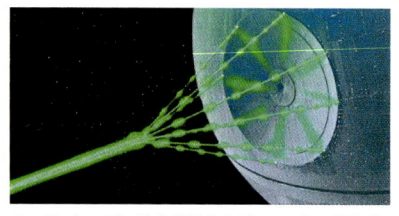

スーパーレーザー砲を発射するデス・スター（EP4）

スターキラー基地の超兵器はデス・スターのスーパーレーザー砲と異なり、複数の標的を同時に破壊できる

C-3POとR2-D2の数奇な運命

　C-3POは、もともとは幼いアナキン・スカイウォーカーが、ジャンクパーツを集めて作ったドロイド。アナキンがジェダイになるために故郷を去った際は外装が未完成で、後に彼の母シミによって外装を取り付けられた。R2-D2は、パドメ・アミダラがナブーの女王だったとき、王室専用船に搭載されていたドロイドの1体だったのだが、勇敢な活動が評価され、パドメ専属のドロイドとなる。アナキンとパドメが出会ったとき、2体もまた初対面だった。行動を共にするようになったのは、10年後にシミが死去し、C-3POがアナキンに引き取られてから。なお、C-3POは、アナキンがダークサイドに転向し、パドメが死去した後、レイアを養女にしたベイル・オーガナの手に渡って記憶を消去されている。その後、2体は成長したレイアに仕え、任務で惑星タトゥイーンに渡った際にルークと出会うことになった。

今作では、C-3POは赤銅色の左腕を付けて登場。しかし、レイを見送る場面では金色の左腕に戻っている

Scene 28 ▶[01:34:00ごろ〜]
ハンとレイアの別れ

レジスタンスの作戦が決定した。ハン、チューバッカ、フィンがミレニアム・ファルコンに乗って敵の基地に潜入し、惑星のシールドを解除。その後、戦闘機部隊が基地の弱点であるサーマル・オシレーターを破壊するというものである。レジスタンスのメンバーが慌ただしく出撃に備える中、ハンもまた出発の準備に当たっていた。

1 Han: Chewie, check that donal capitator. Come on. Let's go. Finn, be careful with those. They're explosives.
ハン：チューイ、ドナル・キャピテイターをチェックしろ。ほら。早く。フィン、それには気をつけろよ。爆発物だからな。

2 Finn: Now you tell me?
フィン：今ごろ言うのかよ？

3 Leia: You know, no matter how much we fought, I've always hated watching you leave.
レイア：〈ハンに向かって〉あのね、どんなにたくさんケンカをしても、あなたを見送るのはいつだってつらかったわ。

4 Han: That's why I did it. So you'd miss me.
ハン：それがねらいさ。君が俺を恋しく思うようにね。

出発の準備に追われるハン

語注 1 explosive＝爆発物、爆薬　3 no matter how〜＝どれほど〜でも／fought＝fight（けんかをする）の過去形／hate doing＝〜することを嫌う／leave＝去る、出発する　4 that's why＝そういうわけで／you'd＝you would

スター・ウォーズ／フォースの覚醒　159

ハンとレイアは互いの本音を語る

〈ハンはレイアに近寄る〉

5 Leia: I did miss you.
レイア：確かに、あなたが恋しかったわ。

6 Han: It wasn't all bad, was it? Huh? Some of it was . . . good.
ハン：悪いことばかりじゃなかっただろ？　なあ？　少しはあったよな……いいことも。

7 Leia: Pretty good.
レイア：まあまあね。

8 Han: Some things never change.
ハン：変わらないものもある。

語 注　7 Pretty good.＝状況や言い方によって、「まあまあね」「かなりいいね」といった意味になる　9 drive ～ crazy＝～の気を変にさせる　10 bring＝～を連れて来る

9 Leia: True. You still drive me crazy.
レイア：本当ね。あなたには今でも気をもまされる。

〈ハンとレイアは見つめ合い、抱き合う〉

10 Leia: If you see our son, bring him home.
レイア：もしあの子に会ったら、連れて帰って。

レイアはハンに、息子を連れ戻してほしいと頼む

★ **3** の I've always hated watching you leave. には、ポイントが2つあります。まず I've always hated では、「過去から今も含めてずっと嫌だ」という気持ちを表しています。次に、「watch ＋人＋動詞の原形」は「人が〜するのを見る」という意味です。全体で「（今もそうだけど）あなたが出発するのを見送るのは、いつも嫌だった」というニュアンスです。

★ **9** の You still drive me crazy.（あなたには今でも気をもまされる）に出てくる drive の意味は「人をある状態に駆り立てる」です。「drive ＋人＋ crazy」の形で「人を正気でなくさせる、気を変にさせる」となり、「悩ませる」ということを誇張しています。例えば、The construction noise is driving me crazy.（工事の騒音のせいで気が変になりそうだ）のように使います。恋愛についての会話で She drives me crazy. と言えば、文脈や言い方によっては「彼女にぞっこんだ、メロメロだ」という反対の意味にもなります。

＼使ってみよう！／

I did miss you.

確かに、あなたが恋しかったわ。（レイア）

did は「確かに、本当に」と後の動詞を強調するために使われており、この miss は「〜がいないのを寂しく思う」という意味です。同性異性に関係なく、また恋人、友人、親子などの間柄で広く使えるフレーズです。別れ際には I'll miss you.（これから会えなくて寂しくなるよ）、現在離ればなれの相手には I miss you.（恋しいよ）、しばらくぶりに再会した相手には I missed you.（会いたかったよ）のように言います。

スターキラー基地に潜入

ハン、フィン、チューバッカはミレニアム・ファルコンに乗り込み、シールドのすき間を光速で突破してスターキラー基地への潜入を試みる。

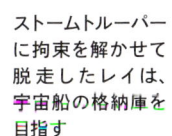

ストームトルーパーに拘束を解かせて脱走したレイは、宇宙船の格納庫を目指す

ハイパースペースを出たファルコンは、森林地帯に突っ込んだ後に雪上を滑り、なんとか崖っぷちで停止した

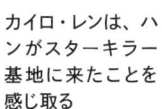

カイロ・レンは、ハンがスターキラー基地に来たことを感じ取る

Scene 29 ▶[01:36:40,"6~」
レイを助けに

レイが船を奪って基地から脱出しようとしていることを察したカイロ・レンは、ストームトルーパーたちに彼女の捜索を急ぐよう命令する。一方、ミレニアム・ファルコンでスターキラー基地への潜入を果たしたハンたちは、基地の施設内に忍び込もうとするが……。

1　Finn: The flooding tunnel is over that ridge. We'll get in that way.
フィン：排水トンネルはあの尾根の向こうです。そこから入りましょう。

2　Han: What was your job when you were based here?
ハン：ここに配属されていたときの担当は何だったんだ？

3　Finn: Sanitation.
フィン：掃除です。

〈ハンはフィンの肩をつかんで引き寄せる〉

4　Han: Sanitation? Then how do you know how to disable the shields?
ハン：掃除？　それで、なぜシールドを無効化する方法を知ってる？

5　Finn: I don't. I'm just here to get Rey.
フィン：知りません。ただレイを助けに来ただけです。

> **語注**　**1** flooding tunnel＝放水路／ridge＝山の背、尾根　**2** base＝～を駐屯させる、～を配置する　**3** sanitation＝衛生設備、下水設備　**4** disable＝～を無力化する、～の機能を停止する／shield＝シールド、防御物　**6** count on ～＝～を当てにす

フィンがシールドを無効化する方法を知らないことに驚くハン

6 **Han:** People are counting on us. The galaxy is counting on us.
ハン：みんなの運命が懸かってる。銀河の運命が懸かってるんだぞ。

7 **Finn:** Solo, we'll figure it out. We'll use the Force.
フィン：ソロ、なんとかしましょう。フォースを使えばいい。

8 **Han:** That's not how the Force works.
ハン：フォースはそうやって使うものじゃない。

〈チューバッカがうなり声を上げる〉

9 **Han:** Oh really, you're cold?
ハン：〈チューバッカに向かって〉へぇ、そうかい、寒いって？

10 **Finn:** Come on!
フィン：行きましょう！

る、〜に頼る／galaxy＝銀河、銀河系　**7** figure 〜 out＝〜を解決する　**8** work＝機能する、作用する

スター・ウォーズ／フォースの覚醒

★ **4** の2文目にある how do you know は、ここでは「どうやって情報を得たのか」といういきさつを尋ねています。日本語の発想では、why do you know としたくなりますが、英語ではどういうプロセスを経て知ったのかということに重点が置かれるため、why（どうして）ではなく how（どのようにして）を使います。

★ **7** の figure 〜 out は「（いろいろ考えたり、時間をかけたりして）〜を理解する・解決する・考え出す」という意味です。このシーンもまさに、「なんとか解決策を見つける」という意味合いで使われています。

★ **8** に出てくる work には「（機械などが）動く、（システムなどが）機能する」という意味があります。That's not how the Force works. を直訳すると「フォースはそうやって機能するものではない」ということです。例えば、The shower doesn't work. なら「シャワーが機能しない」つまり「シャワーが出ない」という意味。海外旅行のときに役立つ表現です。

\ 使ってみよう！ /

I'm just here to get Ray.
ただレイを助けに来ただけです。（フィン）

　I'm just here to do（ただ〜するためにここにいる・来た）は、「どうしてここにいるの？」「何しに来たの？」などと尋ねられて、「別に大それたことをしに来たわけじゃない」というニュアンスで返答したいときに使います。例えば、I'm just here to say, "Hi!"（ただあいさつしたくて［別に用事はないんだ]）、I'm just here to tell you something.（ちょっと話したいことがあって）といった具合に用います。

Scene 30 ▶[01：37：40ごろ～]
シールドを無効化せよ

超兵器の充填完了まで、あと15分と時間が迫っていた。基地の施設内に入ったハンたちは、一刻も早くシールドを解除しなくてはならない。フィンは、ハンに「考えがある」と言う。それはかつての上官キャプテン・ファズマを拘束し、彼女にシールドを解除させることだった。

1 Finn: You remember me?
フィン：俺を覚えてるか？

2 Captain Phasma: FN-2187.
キャプテン・ファズマ：FN-2187。

3 Finn: Not anymore. The name's Finn, and I'm in charge. I'm in charge now, Phasma. I'm in charge.
フィン：今は違う。名前はフィンで、俺がお前に命令する。今は俺が命令する側だぞ、ファズマ。俺が命令する側だ。

4 Han: Bring it down. Bring it down.
ハン：〈フィンに向かって〉落ち着け。落ち着けよ。

5 Finn: Yeah. Follow me.
フィン：ああ。〈キャプテン・ファズマに向かって〉ついて来い。

フィンは、上官だったファズマを前に興奮してしまう

語注 3 in charge＝責任を持って、命令する立場にあって　4 Bring it down.＝落ち着きなさい。

フィンはキャプテン・ファズマを銃で脅し、シールドを無効化させる

〈基地内では、レイが格納庫の間近に来ていた。一方、フィンたちはキャプテン・ファズマをシステム制御室に連行し、シールドを無効化するよう命じる〉

6 Finn: You want me to blast that bucket off your head? Lower the shields.
フィン：そのバケツをお前の頭から吹っ飛ばしてやろうか？　シールドを下げろ。

7 Captain Phasma: You're making a big mistake.
キャプテン・ファズマ：お前は大きな過ちを犯している。

8 Finn: Do it.
フィン：いいからやれ。

〈チューバッカがうなり声を上げる。キャプテン・ファズマは機器を操作する〉

語注　6 blast＝〜を爆破する／ bucket＝バケツ。ファズマのヘルメットを指して言ったもの／ lower＝〜を下げる、・〜を下ろす／ shield＝シールド、防御物
7 mistake＝誤り、間違い　9 work＝うまくいく　10 won't＝will not　11 so 〜 as

9 Finn: Solo, if this works, we're not gonna have a lot of time to find Rey.
フィン：ソロ、もしうまくいけば、レイを探している時間が足りなくなる。

10 Han: Don't worry kid. We won't leave here without her.
ハン：心配するな、坊や。彼女を置いては行かないさ。

〈シールドが解除される〉

11 Captain Phasma: You can't be so stupid as to think this will be easy. My troops will storm this block and kill you all.
キャプテン・ファズマ：〈フィンに向かって〉お前、これがうまくいくと思うほどおろかではないだろう。私の部下たちがここへ突撃して、お前らを皆殺しにするぞ。

12 Finn: I disagree. What do we do with her?
フィン：それはどうかな。〈ハンに向かって〉こいつはどうします？

13 Han: Is there a garbage chute? Trash compactor?
ハン：ここには、ごみシューターはあるか？　ごみ圧縮機は？

14 Finn: Yeah, there is.
フィン：〈笑みを浮かべて〉ええ、あります。

ハンは、ファズマを閉じ込めておく場所をひらめく

---

to do＝…するほど〜で／troop＝兵、軍隊／storm＝〜を襲撃する／block＝一区画、ブロック　**12** disagree＝意見が合わない、異議がある　**13** garbage chute＝ごみシューター／trash compactor＝ごみ圧縮機

★ **3** の I'm in charge は、be in charge of ～（～の責任者・担当者である、～を任されている）の of 以下が省略された形。このように、前後関係から意味がわかる場合は of 以下が省略されます。

★ **4** の Bring it down. は「落ち着けよ」。bring down は「引き下げる、低下させる」という意味です。この it は、熱く高ぶっている感情を指します。また、Take it easy. や Calm down. も「落ち着けよ」という意味で使われます。calm は［カーム］のように発音します。

★ **7** の You're making a big mistake. は「そんなばかなことをしたら後悔するぞ」と相手に警告する意味で使われています。この表現はほかに、例えば、自信家の相手に対して「そんなふうに思っていると痛い目に遭うよ」と勘違いを指摘するときにも使えます。

\ 使ってみよう！/

I disagree.

それはどうかな。（フィン）

相手と意見が合わないときや、相手に反対するときの表現です。かなりストレートな言い方ですが、よく知っている相手に対してなら仕事の場でも使えます。ただし、通常は That may be true, but ...（そうかもしれない、でもね……）や Yes, but ...（そうだね、でも……）のように、ワンクッション置いてから反対意見を述べるほうが無難です。

歴 代作品に対するオマージュ

　スター・ウォーズの世界を作り上げた人物の一人として欠かせないのが、旧三部作でコンセプト・デザイナーを務めた故ラルフ・マクォーリー。今作ではXウイング・ファイターをはじめ、彼が残したデザインのいくつかが採用されている。

　マズ・カナタの城の入り口には色とりどりの旗がかかっているが、よく見ると歴代映画やアニメシリーズに登場した、さまざまなマークやエンブレムがちらほら……。

　また、エピソード4でオビ＝ワンが敵の目を気にしながら一人デス・スターの中を進んでいく際、何かの最新型「VT-16」について話す2人のストームトルーパーに出くわす。今作でも、レイがスターキラー基地で宇宙船の格納庫を探している際、やはり何かの最新型「VT-17」について話している2人のストームトルーパーに出くわしている。

　ハンとフィンが、キャプテン・ファズマを銃で脅してシールドを解除させた場面にも注目。フィンにファズマの身柄をどうするか聞かれたハンは、「ごみシューターとごみ圧縮機はあるか？」と聞き返す。これは、エピソード4で彼がデス・スターで敵から逃れる際にごみシューターに飛び込み、ごみ圧縮機でつぶされそうになった苦い経験がもとになっている。

半円状に分かれる今作のXウイングのエンジンは、ラルフ・マクォーリーがEP4のために描いたコンセプト・アートをもとにしている

マズ・カナタの城に飾られた無数の旗

レイが出くわした2人のストームトルーパー

デス・スターのごみ圧縮機の中で、迫り来る壁を止めるべく必死のハンたち（EP4）

戦闘機部隊が突入

レジスタンスの本部は、スターキラー基地のシールドが消えたことを確認。待機していた戦闘機部隊に基地への突入を命じる。

司令部から命令を受け、全機に基地への突入を命じるポー

ポーのブラック・ワンを先頭に、スターキラー基地へ攻め込んでいく戦闘機部隊

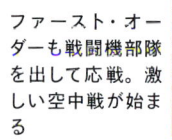

ファースト・オーダーも戦闘機部隊を出して応戦。激しい空中戦が始まる

Scene 31 ▶[01:41:30ごろ～]
仲間との合流

格納庫の間近に迫っていたレイだったが、兵士が多くて宇宙船に近づくことができない。そのため、レイは巨大な壁をつたって移動を試みる。そんな彼女の姿をハンが発見。一同は合流を果たす。

1　Han: Are you all right?
ハン：大丈夫か？

2　Rey: Yeah.
レイ：ええ。

3　Han: Good.
ハン：良かった。

4　Finn: What happened to you? Did he hurt you?
フィン：何があった？　やつに傷つけられたか？

5　Rey: Finn. What are you doing here?
レイ：フィン。ここで何してるの？

6　Finn: We came back for you.
フィン：君を助けに来た。

〈チューバッカがうなり声を上げる〉

語注　4 hurt＝～にけがをさせる、～を傷つける

ハンたちは、自力で逃げ出したレイと再会する

7 **Finn:** What'd he say?
フィン：チューイは何て言ったの？

8 **Rey:** That it was your idea.
レイ：これはあなたの考えだって。

〈レイはフィンに抱きつく〉

9 **Rey:** Thank you.
レイ：ありがとう。

10 **Finn:** How did you get away?
フィン：どうやって逃げたの？

語 注 7 What'd＝What did　10 get away＝逃げる、脱走する　11 explain＝〜を説明する／wouldn't＝would not　12 escape＝逃げる、脱出する／hug＝〜を抱き締める

11　Rey: I can't explain it. And you wouldn't believe it.
レイ：説明できない。それに、信じてくれないと思う。

12　Han: Escape now. Hug later.
ハン：今は逃げるぞ。抱き合うのは後だ。

チューバッカはレイに、フィンの考えで彼女を助けに来たことを伝える

抱きつくレイを、フィンも優しく抱き返す

★ **6** の come に注目して、come と go の使い方を整理してみましょう。相手を中心に考えて、対象に向かって行くときは come を使います。例えば、Dinner is ready.（夕食の準備ができたわよ）と呼ばれたら I'm coming.（今、行くよ）、テニスのラリー中に「ボールがそっちへ行ったよ」なら It's coming. です。come は「相手の視界に入ってくる」というイメージ。自分が相手と同じ方向や場所へ「（一緒に）行く」というときも、目的地にすでに自分がいると想定して come を使います。「今夜のバスケットの試合のチケットが2枚あるけど、一緒に行かない？」と言うなら、I have two tickets for tonight's basketball game. Do you want to come with me? となります。

★ 一方、自分のいる場所から離れて、どこか違う所へ行くときは go を使います。例えば Dinner is ready. と言われて I'm going. と答えると「外出するよ」という意味になり、「夕食はいらない」のだと解釈されます。go は「相手から離れていく」というイメージです。Can you go to the basketball game tonight?（今夜、バスケットの試合に行ける？）と言うと、単に「行けるかどうか」の可能性を聞いていることになり、自分も一緒に行くという前提はありません。

★ では、May I come in? と May I go in? の違いはどうでしょう。病院の診療開始時間に診察室に着いたとします。すでに数人が順番待ちをしています。予約番号が1番のあなたは、順番待ちの人に対して「入っていいですか？」と一声かけます。この場合は May I go in? です。そして、診察室のドアを開け、医師に向かって「入っていいですか？」と尋ねるときは May I come in? です。

★ 相手や対象に向かって行くか、離れるかが、使い分けの基準となります。このシーンでも come の持つニュアンスが感じ取れますね。

地上からの援護

任務に成功し、レイとも合流を果たしたハンたちだが、戦闘機部隊が苦戦を強いられていることを知る。ハンは援護のため、サーマル・オシレーターに爆薬を仕掛けることにする。

上空で行われる戦いを目にし、ハンはレジスタンスが劣勢だと判断する

ハンとチューバッカがサーマル・オシレーターに潜入できるよう、レイは通路の扉を解錠する

ハンと手分けして爆薬を仕掛けるチューバッカ

Scene 32 ▶[01:45:30ごろ〜]
父と息子の対話

苦戦するレジスタンスの戦闘機部隊を援護するべく、サーマル・オシレーターに潜入したハンたち。チューバッカと二手に分かれて爆薬を仕掛ける作業に当たっていたハンは、その最中、橋の上を進んで行くカイロ・レンを発見。息子に対し、本当の名前で呼びかける。

1　Han: Ben!
ハン：ベン！

〈カイロ・レンは橋の上で立ち止まり、振り返る〉

2　Kylo Ren: Han Solo. I've been waiting for this day for a long time.
カイロ・レン：ハン・ソロ。この日をずっと待ちわびていた。

〈ハンは橋の上を進み、カイロ・レンに近づいていく。チューバッカ、フィン、レイは離れた場所からその様子を見守る〉

3　Han: Take off that mask. You don't need it.
ハン：マスクを外せ。必要ないだろう。

4　Kylo Ren: What do you think you'll see if I do?
カイロ・レン：外したら、何が見えると思う？

5　Han: The face of my son.
ハン：息子の顔だ。

語注　**3** take off 〜＝〜を脱ぐ、〜を外す　**6** gone＝去った、死んだ／weak＝劣っている、弱い／foolish＝愚かな、ばかな／destroy＝〜を滅ぼす、〜を殺す　**7** alive＝生きて　**8** Supreme Leader＝最高指導者／wise＝賢い、賢明な

ハンはカイロ・レンを本名で呼び止める

〈カイロ・レンはマスクを外して素顔を見せる〉

6 Kylo Ren: Your son is gone. He was weak and foolish, like his father. So I destroyed him.
カイロ・レン：お前の息子はもういない。彼は父親に似て、弱く、おろかだった。だから殺した。

7 Han: That's what Snoke wants you to believe. But it's not true. My son is alive.
ハン：スノークにそう吹き込まれたんだろう。だが、それはうそだ。息子は生きている。

8 Kylo Ren: No. The Supreme Leader is wise.
カイロ・レン：違う。最高指導者は正しい。

〈ハンは息子に近づいていく〉

9 **Han:** Snoke is using you for your power. When he gets what he wants, he'll crush you. You know it's true.
ハン：スノークはお前の力を利用しているだけだ。欲しいものを手に入れたら、お前を殺すだろう。お前もわかってるはずだ。

10 **Kylo Ren:** It's too late.
カイロ・レン：もう遅い。

11 **Han:** No, it's not. Leave here with me. Come home. We miss you.
ハン：いや、遅くない。一緒にここを出るんだ。家に帰ろう。母さんも待ってる。

12 **Kylo Ren:** I'm being torn apart. I wanna be free of this pain.
カイロ・レン：心が引き裂かれそうだ。この苦しみから逃れたい。

13 **Kylo Ren:** I know what I have to do, but I don't know if I have the strength to do it. Will you help me?
カイロ・レン：やるべきことはわかってる。でも、そうする強さがあるか自信がない。助けてくれる？

14 **Han:** Yes. Anything.
ハン：ああ。何だってするさ。

〈カイロ・レンは橋の上にマスクを落とし、ライトセーバーを取り出してハンに差し出す。だが、ハンがライトセーバーに手を伸ばすと、カイロ・レンはライトセーバーを起動させ、その刃でハンの体を貫く。それを見ていたチューバッカは叫び声を上げる〉

> **語注** 9 crush＝〜を打ちのめす、〜を鎮圧する　11 leave＝〜を去る、〜を離れる／miss＝〜がいなくて寂しく思う　12 be torn apart＝引き裂かれている／wanna＝want to／be free of 〜＝〜がない、〜を免れている／pain＝苦しみ、苦痛

15 **Rey:** No!
レイ：嫌！

16 **Kylo Ren:** Thank you.
カイロ・レン：ありがとう。

〈ハンは最期に息子の顔に触れると、奈落へと落ちていく。レジスタンスの基地にいたレイアも、ハンが命を落としたことを察知する〉

マスクを脱ぎ、父親と向き合うカイロ・レン

カイロ・レンはハンにライトセーバーを渡すそぶりを見せるが、次の瞬間、その刃で父親の体を容赦なく貫いた

13 strength＝力、強さ／ Will you do 〜？＝〜してくれる？

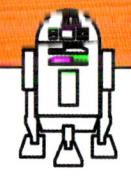

★ **6** の Your son is gone.（お前の息子はもういない）の gone は go の過去分詞形で、動作が完了してしまった状態を表します。したがって、ここでは「息子は行ってしまって、もうここにはいない」つまり「息子はこの世にいなくなった（＝ Your son is dead.）」という意味で使われています。

★ **9** の Snoke is using you for your power.（スノークはお前の力を利用しているだけだ）の動詞 use には、「～（人など）を利用する」というネガティブな意味もあります。

★ **13** の2文目に出てくる Will you do ～? は、要望や依頼を表します。「助けてくれますか」といった丁寧な響きはなく、「助けてくれ」という悲嘆に近いニュアンスです。Help me, will you? と言っても意味は同じです。

＼使ってみよう！／
I know what I have to do.
やるべきことはわかってる。（カイロ・レン）

　I know what ～は「～なことはわかっている」という意味です。I know what I want. なら「自分の欲しいものはわかっている」、I know what I'm doing. なら「自分のしていることはわかっている」ということ。You know what I mean<I'm saying>?（私の言ってること、わかる？）は、日常会話で相手の理解を確認する際によく使われる決まり文句です。

Scene33 ▶[01：51：00ごろ〜]
森の中の死闘

ハンを殺されて怒ったチューバッカは、ボウキャスターでカイロ・レンの脇腹を打ち抜き、爆薬に点火する。負傷したカイロ・レンは、レイとフィンの姿を見つけると憤怒の表情でにらみつけ、彼らを目指して歩き出す。サーマル・オシレーターを出た2人は、ミレニアム・ファルコンへ向かって森の中を急ぐ。しかし、先回りをしたカイロ・レンが彼らの前に立ちはだかった。

1　Kylo Ren: We're not done yet.
カイロ・レン：まだ終わっちゃいない。

2　Rey: You're a monster!
レイ：このバケモノ！

レイたちの行く手をふさぐカイロ・レン

3　Kylo Ren: It's just us now. Han Solo can't save you.
カイロ・レン：今は俺たちだけだ。ハン・ソロは助けてくれないぞ。

〈カイロ・レンが自分の脇腹をたたくと、血が落ち、雪の上に赤いシミを作る。レイはカイロ・レンにブラスターを向けるが、反対にフォースの力で投げ飛ばされ、木にたたき付けられる。フィンはレイのもとに駆け寄る〉

4　Finn: Rey! Rey. Rey! Rey, Rey. Oh, no. Oh, no no no ....
フィン：レイ！　レイ。レイ！　レイ、レイ。ああ、そんな。ああ、ダメだ、ダメだ、ダメだ……。

語注　**1** done＝済んだ、終了した　**2** monster＝怪物、極悪非道の人

フィンはライトセーバーを手にカイロ・レンに挑む

5 Kylo Ren: Traitor!
カイロ・レン：〈フィンに向かって〉裏切り者！

〈フィンは立ち上がってルークのライトセーバーを起動させ、カイロ・レンに向き直る〉

6 Kylo Ren: That lightsaber. It belongs to me!
カイロ・レン：そのライトセーバー。それは俺の物だ！

7 Finn: Come get it.
フィン：奪ってみろよ。

〈フィンはライトセーバーを手にカイロ・レンと激しく戦うが、カイロ・レンに切り付けられ、昏倒する〉

語注　**5** traitor＝反逆者、裏切り者　**6** belong to 〜＝〜の物である　**7** come do＝〜しに来る

★7 の Come get it.（奪ってみろよ）は、Come and get it. の and が省略された表現です。動詞 get は「獲得」を意味し、何らかの働きかけをして「新たな状況を引き起こす」というニュアンスを持っています。その多義性と使いやすさから、日常会話でも好んで使われ、本作品にも頻繁に登場します。以前、筆者がアメリカ滞在中にテレビをつけてみると、そこはもう get のオンパレードでした。ここでいくつか紹介してみましょう。

★あるテレビドラマの主人公と飼い犬が遊んでいる場面。ふざけた犬が主人公の上に乗っかると、主人公は Come on, get off me!（こら、どきなさい！）と言っていました。別のチャンネルを見ると、今度は大学の夜間クラスへの入学案内の CM。キャッチコピーが、Get in, Get out, Get ahead.（入学して、卒業して、成功しよう）。リズムも語呂もよく、耳に残りました。また違うチャンネルにすると、今度は警察の取り調べ室のシーン。刑事が事件の容疑者に向かって Come on! Get it off your chest!（さあ！ さっさと吐け！）と一言。……こんな具合に get が大活躍でした。

★一般に、日常会話では have、do、get、go、give などの基本動詞でかなりのことを表現します。ぜひ、本書を利用して、DVD で場面や状況を確認しながら、何度も声に出して言ってみてください。映像があるぶん、記憶に残りやすくなります。あとは似たような場面に実際に出くわしたとき、どんどん使ってみましょう。この経験の積み重ねで、英語が使えるようになっていきます。

Scene 34 ▶[01:53:40ごろ〜]
目標を集中攻撃！

カイロ・レンは、フィンが取り落としたライトセーバーをフォースで引き寄せようとするが、それはより強いフォースで引き寄せたレイの手に収まる。ライトセーバーを構え、カイロ・レンに立ち向かうレイ。そのころ、戦闘機部隊はスターキラー基地に対して最後の攻撃を仕掛けようとしていた。

1 Niv Lek: We just lost R-1.
ニブ・レック：R-1がやられた。

2 Jess: We're overwhelmed. What do we do? It isn't working.
ジェス：劣勢です。どうすれば？　苦戦しています。

3 Yolo Ziff: Black Leader, there's a brand-new hole in that oscillator. Looks like our friends got in.
ヨロ・ジフ：ブラック・リーダー、あのオシレーターに新しい穴が空いています。仲間の誰かが突破したようです。

4 Poe: Red Four, Red Six, cover us.
ポー：レッド4、レッド6、援護を頼む。

5 Lt. Bastian: I'm on it.
バスティアン中尉：了解。

6 Ello Asty: Roger.
エロー・アスティ：ラジャー。

語注　**1** lost＝lose（〜を失う、〜を亡くす）の過去形　**2** overwhelmed＝圧倒されて／work＝うまくいく　**3** brand-new＝真新しい／oscillator［アーシレイター］＝オシレーター、発振器、振動子／look like 〜＝どうも〜のようだ／get in＝入る。got

ポーが操縦するブラック・ワンを先頭に、スターキラー基地を攻撃する戦闘機部隊

7 **Poe:** Everybody else, hit the target hard. Give it everything you got!
ポー：ほかの者は、目標を集中攻撃。全力でやれ！

〈戦闘機部隊は敵の攻撃をかわしながら、サーマル・オシレーター目がけて猛スピードで進む〉

8 **Poe:** I need some help here! I need some help!
ポー：こっちに応援を頼む！ 応援を頼む！

9 **Lt. Bastian:** Coming in!
バスティアン中尉：今、行きます！

10 **Jess:** Watch out!
ジェス：気をつけて！

11 **Ello Asty:** I'm hit!
エロー・アスティ：撃たれた！

はgetの過去形　**4** cover＝〜を援護する　**5** Lt. ＝ Lieutenant（中尉）の略　**6** roger＝了解、わかった　**7** target＝的、標的

スター・ウォーズ／フォースの覚醒

〈1機のXウイングが撃墜される〉

12 Poe: All teams — I'm going in. Pull up and cover me!
ポー：全チームに告ぐ──俺が突入する。前進して援護を頼む！

13 Niv Lek: Copy that, Black Leader. Good luck, Poe!
ニブ・レック：了解です、ブラック・リーダー。ポー、幸運を！

〈スターキラー基地の指揮室では、超兵器の充填状況を監視している〉

14 Starkiller Technician: Weapon fully charged in 30 seconds.
スターキラーの技術者：兵器の充填完了まで30秒。

15 General Hux: Prepare to fire.
ハックス将軍：発射準備。

〈そのとき、ポーの攻撃によってサーマル・オシレーターの爆破に成功する〉

サーマル・オシレーターへ突入するポー

語注 12 pull up＝進む、横付けになる　13 copy＝〜を受信する、〜を了解する／good luck＝幸運を祈る、頑張ってね　14 fully＝十分に、すっかり／charge＝〜に充電する　15 prepare to do＝〜する用意をする／fire＝発射する

188

★ **1** の We just lost R-1.（R-1 がやられた）のように、今、目の前で起きた出来事や動作を表すには過去形を用い、just（ちょうど今）と一緒に使うことが多いです。もし、現在完了形を使って We have just lost R-1. とすると、「過去の出来事の結果、現在どうなっているのか」いうニュアンスになり、時間的な「幅」が感じられ、間延びした印象になります。そのため、現在完了形は、目前で起きた瞬発的な出来事とはなじまないといえます。

★ **5** の I'm on it.（了解）は口語表現です。on は、人や物・事に何かが接触しているという感覚の言葉です。ここでは cover us（援護を頼む）という依頼を受けて、「その依頼に接触した」つまり「その案件を引き受けた」ということです。

★ **6** の Roger.（ラジャー）は無線通信の用語で、今では日常会話でもよく使われています。元々は Message received.（伝言を受信した）いう軍隊用語から発祥したといわれています。ほかに、Do you copy?（聞こえますか？）も無線通信でよく使われます。

\ **使ってみよう！** /

Give it everything you got!
全力でやれ！（ポー）

　直訳すると「持っているもの全てをそれに与えろ」。つまり、「全力でやれ、精一杯頑張れ」という意味で、相手を激励するときの表現です。you got は you've got と言うこともあります。自分自身の意気込みを語るときなどに、主語を I にして、I'll give it everything I got!（全力で頑張ります！）のようにも使います。

フォースの覚醒

カイロ・レンに倒されたフィンに代わり、ライトセーバーを手にするレイ。しかし、修行を積んだカイロ・レンにかなうはずもなく、防戦一方になってしまう。追い詰められるレイだが……。

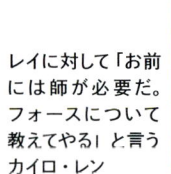

レイに対して「お前には師が必要だ。フォースについて教えてやる！」と言うカイロ・レン

レイはカイロ・レンの言葉を聞き、自らのフォースに意識を集中させる

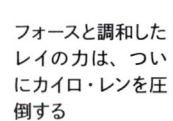

フォースと調和したレイの力は、ついにカイロ・レンを圧倒する

戦闘機部隊の攻撃が成功し、惑星の崩壊が始まった。レイとカイロ・レンの間を、巨大な地割れが引き裂く

傷ついたフィンを前に、なすすべもないレイ。そこへ、ミレニアム・ファルコンに乗ったチューバッカが現れる

惑星が爆発する寸前、脱出に成功するミレニアム・ファルコンと戦闘機部隊

レジスタンスの基地に着いたレイは、出迎えたレイアと抱き合い、ハンの死を悼んだ

Scene 35 ▶「02:01:20ごろ〜」
ルークの居場所

戦いに勝利し、喜びに沸き立つレジスタンスの本部。だが、レイとレイア、そしてチューバッカに笑顔はない。ハンが死に、フィンは意識不明の重体。失ったものは、あまりにも大きかった。そんなとき、BB-8は、R2-D2が目を覚ましたことに気づく。ビープ音で騒々しくやり取りをする2体。その様子を見て、C-3POも会話に加わる。

1　C-3PO: R2-D2!　You've come back!
C-3PO：R2-D2！　意識が戻ったんだね！

〈R2-D2はビープ音で何かを言う〉

2　C-3PO: You found what?
C-3PO：何を見つけたって？

〈R2-D2はビープ音で何かを言う〉

3　C-3PO: How dare you call me that!
C-3PO：僕をそんなふうに呼ぶなんて！

〈C-3POはR2-D2をたたく。R2-D2はビープ音で何かを言う〉

4　C-3PO: Find Master Luke, how?　Come, R2.　We must go tell the others at once!
C-3PO：ルーク様を見つけるって、どうやって？　来いよ、R2。今すぐ皆に知らせなくちゃ！

語注　**1** come back＝帰る、戻る　**2** found＝find（〜を見つける）の過去形　**3** How dare 〜？＝よくも〜できるね。　**4** master＝主人、雇い主／go do＝〜しに行く／at once＝すぐに、直ちに　**5** general＝将軍、将官／contain＝〜を含む／

R2-D2とBB-8が持つ地図を合わせたことで、ついにルークの居場所が判明する

〈C-3POはR2-D2、BB-8と共にレイアのもとへ行く〉

5 **C-3PO:** General. Excuse me, General. R2-D2 may contain some much-needed good news.
C-3PO：将軍。将軍、ちょっとよろしいですか。R2-D2が、待ち望んでいた吉報を持っているかもしれません。

6 **Leia:** Tell me.
レイア：教えて。

〈R2-D2は、空中に大きなホログラムの地図を映し出すが、その地図は一部分が欠けている。BB-8はビープ音でポーに何かを伝える〉

7 **Poe:** Yeah. All right, buddy, hold on.
ポー：〈BB-8に向かって〉ああ。よし、相棒、ちょっと待て。

〈ポーは、ロー・サン・テッカから受け取った地図の記録媒体をBB-8のボディーに入れる。BB-8がホログラムを映し出すと、R2-D2の地図の欠けた部分にピタリと重なり、一枚の地図が完成する〉

much-needed＝大いに必要とされている　**7** buddy＝相棒、親友／Hold on.＝（命令文で）待て。

スター・ウォーズ／フォースの覚醒

8 **C-3PO:** Oh! The map! It is complete!
C-3PO：わあ！　地図が！　完成しました！

9 **Leia:** Luke.
レイア：ルーク。

10 **C-3PO:** Oh, my dear friend. How I've missed you.
C-3PO：〈R2-D2に向かって〉ああ、いとしき友よ。君がいなくてどれだけ寂しかったか。

〈フィンはベッドで眠っている。レイはその傍らに座り、フィンの顔を見つめている〉

11 **Rey:** We'll see each other again. I believe that.
レイ：また会えるよね。そう信じてる。

〈レイはフィンの額にキスをする〉

12 **Rey:** Thank you, my friend.
レイ：ありがとう、私の友だち。

〈基地の外。レイアは、ミレニアム・ファルコンに乗り込もうとするレイを見送る〉

13 **Leia:** Rey. May the Force be with you.
レイア：レイ。フォースと共にあらんことを。

〈ほほ笑むレイに、BB-8がビープ音で何かを言う。レイはうなずき、チューバッカと共にミレニアム・ファルコンに乗り込む〉

語注　8 complete＝全部そろった、欠けたところのない　10 dear＝大切な、大事な／miss＝～がいなくて寂しく思う

★ **1** の You've come back!（意識が戻ったんだね！）の come は、「意識がない状態から意識のある状態へ移動してくる」という意味です。back と一緒に使われることで、意識のある正常な状態に「戻ってくる」というニュアンスが出ています。You've come to your senses.（意識を回復したんだね）とも言えます。

★ **3** に出てくる How dare 〜は、話者の憤慨を表し「よくも〜できるな」というニュアンスです。How dare you say that! なら「よくそんなことが言えるな！」という意味になります。How dare you!（ひどい、よくもまあ！）という定番表現もあります。

★ **10** の How I've missed you. は感嘆文で、how は「なんと、なんて」という意味です。「君にどれほど会いたかったか」という気持ちを表しています。I've missed と言っているので、「前からずっと恋しかった」という気持ちが表れています。ほかに、例えば、以前会った子どもに久しぶりに再会したときに、How you've grown!（すっかり大きくなって！）のようにも言います。

＼使ってみよう！／
May the Force be with you.
フォースと共にあらんことを。（レイア）

「スター・ウォーズ」シリーズの有名な名ぜりふで、別れ際に互いの無事を祈って言うフレーズです。この may は祈願を表し、「〜でありますように」という意味です。無事を祈る気持ちを強調するため、語順を入れ替えて（これを「倒置」と言います）、may を文頭に置き、形式ばった形になっています。気持ちを込めて、登場人物になりきって言ってみましょう。

ルークのもとへ

ルークのいる星には、レイとチューバッカ、そしてR2-D2がミレニアム・ファルコンで向かうことになった。ハイパースペースを通り、一瞬で目的地に到着するレイたち。そこは、水に恵まれた美しい星だった。

初めてできた友だち、フィンに再会を約束するレイ

レイアはレイに「フォースと共にあらんことを」と言葉をかけ、旅立つ彼女を見送った

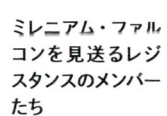

ミレニアム・ファルコンを見送るレジスタンスのメンバーたち

レイはたどり着いた星で、ローブを着て岸壁にたたずむ男を見つける

レイに気づいた男は振り返り、ローブのフードを下ろす

レイはこの人物こそルークだと確信し、彼が使っていたライトセーバーを黙って差し出す

2人の出会いの先にあるものは……

意外な出演者たち

　今作にはメイン・キャラクター以外にも、エピソード6から引き続き登場した人物がいる。それは、エンドアの戦いに参加したアクバー提督とナイン・ナン。前者は隠居状態だったが、レイアに請われてレジスタンスに参加することになった。後者はXウイング・ファイターのパイロットとして登場。共にオリジナル・キャストであるティム・ローズとマイク・クインがそれぞれ演じている。また、同じくエピソード6でウィケット・W・ウォリック、エピソード1でウォルドやウィーゼルを演じたワーウィック・デイヴィスも、マズ・カナタの酒場にいたエイリアン、ウォリバン役で出演した。

　メインキャストの親族も出演している。レジスタンスの本部にいたケイデル・コー・コニックスは、レイア役のキャリー・フィッシャーの娘ビリー・ラードが演じている。同じくレジスタン

PA-4COと共にディスプレーを見つめるケイデル・コー・コニックス

ハリエット・ウォルター演じるドクター・カロニアは、負傷したチューバッカを治療した

あの名前の由来とは？

　最初に本作の監督を依頼された際、大好きな作品だけにファンという立場を崩したくないと断ったというJ.J.エイブラムス。そんな彼だけに、本作には随所にマニアックなオマージュが隠されている。まず、フィンがストームトルーパーだったときの名前FN-2187。この2187とは、エピソード4でレイアが収監されていた監房のナンバーと同じで、もともとはジョージ・ルーカスが学生時代に感銘を受けた短編映画のタイトルに由来する。新世代のスター・ウォーズの製作を任されたJ.J.が、生みの親であるルーカスに対してリスペクトを込めたゆえの命名

スの医師ドクター・カロニア役は、エピソード2とエピソード3でドゥークー伯爵を演じたクリストファー・リーのめいハリエット・ウォルターだ。ちなみにJ.J.エイブラムス監督は、『スター・トレック』に続き、本作にもテレビ・プロデューサーである父ジェラルドを出演させており、レジスタンスのキャプテン・サイプレス役を与えている。

さらに、思わぬビッグ・スターも！　カイロ・レンに拘束されたレイを監視していたストームトルーパーを演じたのは、ジェームズ・ボンド役で知られるダニエル・クレイグ。本作が撮影されたイギリスのスタジオでは、同時期に『007 スペクター』も撮影中で、クレイグが本作のスタジオを訪問した際、その場で出演が決まったそうだ。

ウォリバンは、恒星間探察者でハイパースペースの開拓者

レイを監視していたストームトルーパー。声もダニエル・クレイグ本人のもの

なのかもしれない。

またファースト・オーダーの基地の名称が「スターキラー」なのは、エピソード4の脚本の準備稿段階の主人公の名前「ルーク・スターキラー」が原点だ。

一方、ポー・ダメロンの姓はJ.J.の個人アシスタントであるモーガン・ダメロンからとり、惑星タコダナは、監督が初来日した際に泊まったホテルがあった東京の「高田馬場」をもじるなど、J.J.ならではの遊び心が込められた名称も採用されている。

監修：久保卓哉（くぼ・たくや）

フリーランス・ライター。1978年に劇場で『スター・ウォーズ』を見て以来、同作品の大ファン。そのフィギュア収集の趣味が高じ、『ホビージャパン』などの雑誌で商品紹介を担当。また『スター・ウォーズ・インサイダー』（ソニー・マガジンズ）、『ダース・ヴェイダークロニクル』（竹書房）などの公式書籍に編集・ライターとして参加。著書に「スター・ウォーズ アクション・フィギュア データベース」シリーズ（ホビージャパン）、監修に『英語シナリオで楽しむスター・ウォーズ エピソード1・2・3』『英語シナリオで楽しむスター・ウォーズ エピソード4・5・6』（学研プラス）など。

英文解説：高橋基治（たかはし・もとはる）

東洋英和女学院大学教授。映画と洋楽で英語を学び、実用英語に精通。中学・高校で学んだ英文法の知識を、いかに実際の運用につなげていくかに関心を持っている。『なりきり英会話』（アスク出版）、『マンガでおさらい中学英語』（KADOKAWA、共著）、『言いまくり！英語スピーキング入門』（コスモピア、共著）など著書多数。

STAFF

デザイン：山口秀昭（Studio Flavor）
編集協力：いしもとあやこ、野田泰弘（ルーベック）、挙市玲子、
　　　　　Sean McGee（AtoZ）、小松アテナ（AtoZ）、Jason Ho、高木直子
DTP：朝日メディアインターナショナル株式会社